盲ろう者とともに歩む

全国盲ろう者協会30年

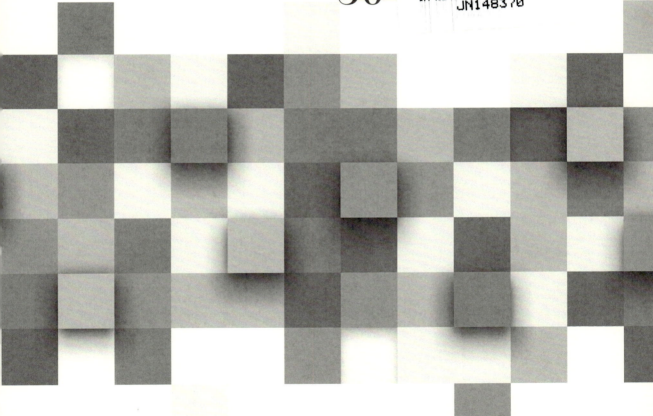

社会福祉法人全国盲ろう者協会・編著

発刊にあたって

全国盲ろう者協会　理事長
真砂　靖
（まなご　やすし）

　当協会は、視覚と聴覚の両方に障害のある盲ろう者を支援することを目的に、社会福祉法人全国盲ろう者協会として、1991年3月に設立されました。以来、当協会では、それまで福祉のはざまに置かれていた全国の盲ろう者を対象に、「一人でも多くの盲ろう者が自立できるように援助すること、自立の難しい盲ろう者も、働く喜び、仲間と語らう喜び、その他種々の喜びを味わうことができるようにすること」（設立趣意書より）という目標を掲げ、さまざまな事業を展開してまいりました。

　当協会設立後始めた通訳・介助員（当時の訪問相談員）の派遣事業、通訳・介助員の養成事業、毎年開催してきた全国盲ろう者大会、広報誌『コミュニカ』の発行、盲ろう児教育手法の検討等々、これらの取り組み・活動があって、今に至っています。

　2021年3月に協会設立30周年を迎えるにあたって、当協会の「歩み」をまとめておくべきではないかという思いから、本書を発刊することとしたものです。

　当初の予定では、30周年に合わせた時期に発刊する予定でしたが、30年を振り返り、まとめるという作業は、思いのほか時間を要する作業となってしまい、30周年目から3年余の遅れでの発刊となってしまいました。

本書では、協会設立後の歩みが中心ではありますが、それ以前の取り組み、協会設立に至る経緯も含めて、分かっている範囲でまとめました。

　今後、当協会が50周年、100周年に向かって、歩み続けるためにも、この30年の歩みをまとめておくことは意義あるものと考えました。

　盲ろう者の福祉、教育等の増進を考えたとき、この30年で何がどう変わったのか、今後取り組むべき課題は何なのか、そんなことを改めて考えるための基礎資料としてその一助になれば幸甚に存じます。

写真で見る盲ろう者協会のあゆみ

協会を牽引してきた理事長・理事

↑福島智理事、小島純郎初代理事長

↑小島純郎初代理事長

↑小村武理事長（2代）

↑阪田雅裕理事長（3代）

↑真砂靖理事長（4代）

↑塩谷治元事務局長

↑福島智理事、塩谷治元事務局長

↑福島智理事

写真で見る盲ろう者協会のあゆみ

盲ろう者の集い

↑第1回全国盲ろう者大会(170名が参加)

↑第27回全国盲ろう者大会
（1回目の約5倍、935名が参加）

↑指点字

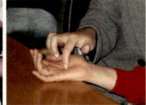
↑手書き

↑触手話

↑ブリスタ

様々なコミュニケーション方法が飛び交う

↑第1回大会の懇親会で盲ろう者と指点字で談笑する小島理事長

友の会や
盲ろう者の
作品の
展示・販売

盲ろう者を支援するために

↑速記用点字タイプライター「ブリスタ」の講習

↑コミュニケーション方法を盲ろう講師から学ぶ

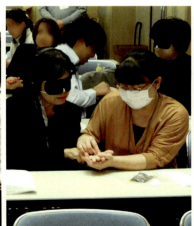

↑盲ろう疑似体験。受講者は目と耳をふさぎ、通訳・介助者と共に行動する

写真で見る盲ろう者協会のあゆみ

日本の盲ろう者から世界の盲ろう者へ

↑ 1990年　アメリカ盲ろう者大会

↑ 2009年　ウガンダ　第9回ヘレン・ケラー世界会議 および 世界盲ろう者連盟第3回総会

↑ 2013年　フィリピン　第10回ヘレン・ケラー世界会議 および 世界盲ろう者連盟第4回総会

↑ 2007年　韓国　ラジオ局の取材

↑ 2013年　ウズベキスタン　国際協力機構（JICA）の盲ろう者支援プロジェクト　盲ろう者による白杖歩行指導

↑ 2022年　ジュネーブ　国連障害者権利委員会　第1回日本審査

もくじ

発刊にあたって　真砂 靖………3
写真で見る盲ろう者協会のあゆみ………5

Part 1　設立前のあゆみ………13

1　山梨県立盲学校における盲ろう教育………14

2　盲ろう者運動のさきがけ「われら生きるの会」
　　～中木屋スミヱさん～………17

座談会
全国盲ろう者協会の夜明け前を語る（東京編）………28
全国盲ろう者協会の夜明け前を語る（大阪編）………46

Part 2　設立後のあゆみ………75

0　私たちの願い………76
「社会福祉法人・全国盲ろう者協会」設立趣意書………76
盲ろう者の言葉………82
想像力と創造　～小島純郎と塩谷治という二人の偉人～………86

1　派遣事業………98
通訳・介助員の派遣………98
派遣事業開始一覧………102

もくじ

2　調査・研究………103
　教育方法の開発………103
　機器開発………107
　盲ろう者に関する実態調査………109

3　盲ろう者の集い………112
　全国盲ろう者大会………112
　COLUMN 盲ろう者の声　一泊合宿から全国大会へ………119
　全国大会一覧（1991年第1回～2019年第28回）………122
　全国の友の会………125
　COLUMN 盲ろう者の声　友の会と共に………132
　盲ろう者友の会　設立年月　一覧………134

4　人材育成………136
　通訳・介助員の養成………136
　通訳・介助員養成研修事業開始年　一覧………140
　派遣コーディネーターの養成………142
　盲ろうリーダーの育成………143
　情報機器を活用するために………146

5　国際関係………150
　世界の盲ろう者を知る………150
　世界の盲ろう者を支援する………153
　国際協力（海外渡航記録）………155

6 「日本版ヘレン・ケラー・ナショナルセンター」開設に向けて……158
盲ろう者向けの生活訓練………160
盲ろう者の総合リハビリテーション・システムの検討………163
盲ろう者の憩いの家………165
盲ろう者生活訓練実施一覧（2010年度〜2023年度）………166

7 情報提供………168
コミュニカ………168
協会だより………170
ニュースレター………170
『コミュニカ』特集一覧………172
『コミュニカ』表紙　創刊号〜No.68………174

Part 3　資料集………177

協会の沿革（年表）………178
表彰等一覧………192
各種報告書等一覧………194
盲ろう関係書籍紹介………196
歴代理事長・事務局長………205

えにしの連鎖　あとがきに代えて　福島智………206

引用・参考文献………209

Part

1

設立前の
あゆみ

1 山梨県立盲学校における盲ろう教育

◎ 日本における盲ろう教育の曙

　日本では、1949年から山梨県立盲唖学校（現　山梨県立盲学校）において、盲ろう教育が始まっており、これがわが国における盲ろう重複障害者への取り組みの始まりとされています。

　前年の1948年に、わが国の特殊教育（今日の特別支援教育）につながる、盲学校・聾学校の義務教育制が施行されることになりました。このことをきっかけとして、当時校長を務めていた堀江貞尚氏が、山梨県下の盲児やろう児の実態調査を行い、盲児40名、ろう児190名を確認し、その中に思いがけなく5名の盲ろう児が発見されることになりました。1949年、このうちの一人、5歳の男児に対して家庭指導を始めました。この男児は、翌1950年には盲学校寄宿舎に引き取られ、教員や寮母によって本格的な学校教育が開始されました。

　この教育実践は、1952年には、東京大学の梅津八三氏、中島昭美氏らの研究者と、堀江氏の後任として盲学校長となった三上鷹麿氏らによって、「盲聾教育研究会」が立ち上げられ、1961年に文部省の特殊教育実験校の指定を受けるなど、1971年までの約20年間に、4名の盲ろう児に対する教育が行われました。

　身振りサインを用いての日常生活における基本的な習慣づけに始まり、立体模型等を用いた概念形成学習、そして書き言葉として点字、話し言葉としてローマ字式指文字を導入することを経て、教科学習が実践され、また発声訓練も行われた、大変貴重な記録が残されています。

　当時、指導にかかわっていた関係者の合言葉として次のような方針が残されています。

　「生活は学習の延長に」、「手を付け始めたら最後まで」、「機会を掴む」、

「興味の発見、即学習への出発点」、「まいた種は必ず実るだろう、結果を急ぐな」、「普通児を観察せよ」等、現在にも通じるものです。

　さて、70余年前に、このような貴重な取り組みがなされたわけですが、現在の日本での学校教育における盲ろう児の教育の現状はどうでしょうか。山梨県立盲唖学校の実践以後も、日本盲聾児を育てる会、国立特殊教育総合研究所（現　独立行政法人特別支援教育総合研究所）、財団法人重複障害教育研究所等の教育・研究機関や団体、全国盲ろう者協会（以下、当協会）に端を発した全国盲ろう教育研究会、そして特別支援学校等において、盲ろう児の教育実践は積み重ねられてきています。

　世界のいくつかの先進国では学校教育において、「盲ろう児教育」が一つの分野として、あるいは制度的枠組みの中で取り組まれていますが、日本においては、残念ながら学校教育において「盲ろう児教育」の枠組みが確立されていません。現在も、盲・ろう・養護、いずれかの特別支援学校で、担当教員らによる試行錯誤、熱意のもとで教育がなされている現状があります。

　これらを打開すべく、先述の機関・団体、盲ろう児の教育に携わった研究者・教員らの努力が積み重ねられてきています。しかし、これらの取り組みは限定的と言わざるを得ません。

　一日も早く、学校教育の中に「盲ろう児教育」を制度的に位置づけ、盲ろう児教育教員養成課程を大学等に設置するとともに盲ろう児を担当する現場教員のための研修プログラムの整備、日常的な専門家による担当教員への支援体制の構築等、日本のどこに住んでいても、盲ろう児が必要に応じて、きちんとした教育を受けられる環境整備が望まれます。

　今後、これらを実現できるよう、先人により積み上げられた知見と、当協会をはじめ、特定非営利活動法人全国盲ろう児教育・支援協会、全国盲ろう教育研究会、盲ろうの子とその家族の会ふうわ等、盲ろうにかかわる関係者皆で一致団結し、文部科学省への働きかけ等を早急に進めていかなければなりません。

　なお、冒頭に紹介した山梨における教育実践では、次のように膨大で貴重な資料が、現在に至るまで保管されてきました。

・当時使用した点字学習テキスト・カード・触画
・学習の様子の記録
・盲ろう児の日記
・通知表、学級日誌及び寄宿舎日誌、学校の記録
・盲ろう児と研究者の往復書簡
・概念形成学習に関わる教材
・数や点字を使った記号操作学習に関わる教材
・教科学習の教材(時間・数・点字・理科・数学等の教材および触地図　等)
・その他に当時の指導をまとめた研究報告書
・指導経過をまとめた指導系統図
・画像・映像・音声記録　　　　　　　　　　　　　　　　　　等

　しかしながら、70余年の年月を経る中で、劣化も激しく、これらの資料を後世に残すために、これら資料のデジタル化・アーカイブ化プロジェクトが、山梨県立盲学校関係者、当協会の評議員・岡本明(おかもとあきら)をはじめとする研究者の手によって、2016年から開始されました。文部科学省からの科学研究費補助や一般からの募金により、2023年６月にデジタル・アーカイブ化が終了しました。

Part 1

2 盲ろう者運動のさきがけ 「われら生きるの会」 〜 中木屋スミヱさん 〜

　当協会初代理事長の小島純郎(こじますみろう)は、多くの盲ろう者と積極的に交流を持ちましたが、特に気にかけていた盲ろう者というと、やはり中木屋(なかきや)スミヱさんではないでしょうか。ここでは、盲ろう者運動の先駆けとして、精力的に活動された中木屋スミヱさんについてご紹介します。

◎点字回覧誌『われら生きる』の創刊

　1931年、中木屋スミヱさんは山口県長門市に生まれました。
　15歳の頃、泥水が目に入り視力が低下、22歳で手術を受けましたが失明しました。当時の詳細は不明ですが、その半年後に失聴し、全盲ろうとなりました。
　後に当時を振り返り、「全く突然に光と音とを同時に失った私は、日夜激しい耳鳴りに苛まれ、狂いまわり、野獣のように荒々しい日々を、ただ、『お前が死ねば私も死ぬ』という母の言葉だけに支えられて過ごしたのであります。」と記しています。
　全盲ろうになってから約2年後、点字との出会いが転機となり、28歳で点字図書館の読書会へ入会するなどし、自らも執筆をするようになりました。
　執筆を続ける中、1964年(33歳)に、日本で初めての盲ろう当事者の会「われら生きるの会」を創設します。会では点字回覧誌『われら生きる』を創刊、第5号まで発刊しています。創刊号では全国の盲ろう者など19人の手記が掲載されています。
　創刊号に掲載した中木屋さんの力強い文章の一部を紹介します。

おそらくわが国では最初でありましょう、視力障害にして重複障害者の回覧雑誌『われら生きる』をよりよく育て上げるべく、一層のご協力のほど、創刊号発刊の喜びの中で切にお願い申し上げ、今後のご指導、ご鞭撻を併せてお願い申し上げます。さー、皆さん、この共通の広場を通してしっかり固く手を結び合い、ひざを交えて自由に、そして思う存分語りましょう。だれに遠慮気兼ねが要りましょう。大声で腹の中のぐりぐりを吐き出し、お茶をくみ合い、ビールをつぎ合う、あの気楽さで一つよろしくお願いいたします。

（点字回覧誌『われら生きる』創刊号より）

発刊の言葉

中木屋　スミヱ

　昨今、社会福祉もめざましい向上の一途をたどりつつある今日なお無視されがちなのは、視力障害に重なる重度の身体障害者ではないでしょうか。昔から一眼二足といわれ、目が不自由な人がもっとも不幸であり、次は足の不自由な人とされていました。
　ところが、その二つを合併している人や、さらに重度の障害を背負う人々が少なくありません。私どものこのサークル員がそうした人々の一人なのです。
　世間では、とかくこうした重度の障害者ほど廃人視されがちですが、実際にそうした人々には能力がないのかといえば、決してそうではなく、ただ能力を認めようとされず、残存能力を活用されようとされないだけであって、無理解からくる偏見であり、大きなあやまちだと思います。
　わたくしはかつて「わたくしのように目が見えず、耳が聞こえない人が全国にどの位あるのかしら。その人たちは何を職業とし、どのように生活しておられるのだろうか。また、みんなの共通の問題は何であって、その解決の方法は…？」という大きな問題意識から

そうした人々をさがしはじめましたが、それが後日『われら生きる』をあみだす動機ともなったのでした。

　当時、わたくしが知り得たことは、同じ盲ろう者であっても、はり・きゅう・マッサージを業とし、立派に自立更生し生計を維持して妻子や家族を養っている人が多くあることと、そのかたわら社会福祉事業に貢献したり、盲人会の役員として活躍しておられる方も何人かある反面、働きたいという意欲がありながら仕事が得られず、苦悩の日々を送っている人、表現能力を持たないまでも理解ある家族の保護を受けつつ農耕作や家内職を手伝っている人、生きた人形さながら一室へ寝かされたままの人などなども決して少なくないことでした。

（中略）

　しかし、わたくしがいくらここでそう思っても思うだけでは、関係者の方々に理解していただくことはできないでしょう。重複障害者ゆえに働きたくとも仕事が得られない人、低所得を余儀なくされる反面、一般盲人以上に出費を余儀なくされている重複障害者の実状もまたそうなのです。

　やはり政府の身障者福祉審議会や日本盲人会連合会の職業対策委員会、福祉対策委員会などは無論、地方の社会福祉事業関係者の方々にも積極的に取り上げ検討していただけるよう、わたくしども重複障害者が積極的にあゆみより、その実態を知っていただくよう働きかけることこそ必要であり、「臭いものには蓋」式であっては、いつまでたっても、私どもの生活改善や社会福祉増進もありえないことでしょう。

　しかし何分、二重三重の身体障害者ばかりのこのサークルで経済的にもめぐまれず、行動の自由を束縛されるわたくしどもには、陳情にでかけることなどできません。故にたとえ幼稚な文章表現であっても、文才のいかんにはこだわらず、点字の読み書きができる人々が手をとりあい、なぐさめはげましあって『われら生きる』を通し、働きかけようとするものであります。

　本誌こそは重き試練をにないつつ、よりよく生きようと黙々努力

している人々、社会の片隅へ忘れられがちな人、谷間にあえぐ人々のいつわらざる心情と生活記録であります。これを通して少しでも、わたくしどもの実態を知っていただき、一人でも多くの理解者が得られますよう、祈ってやみません。どうぞこのサークル活動にご理解のうえ、今後よろしくご指導ご鞭撻いただけますよう、切にお願い申し上げます。

「われら生きる」の歌

中木屋 スミヱ

一　重き試練の担い手　われら
　　いばらの途を　ふみこえて
　　昨日の涙　今日の幸
　　ともに語らん　この集い
　　老いも若きも　手をとって
　　まことを胸に　われら生きる

二　重き試練の担い手　われら
　　行く手の壁も　打ちやぶり
　　明日の途を　きりひらく
　　夢を語らん　この集い
　　老いも若きも　手をとって
　　希望を胸に　われら生きる

（『われら生きる』墨字版第1集より）

　1966年（35歳）に「われら生きるの会」の後押しもあり、山口県立盲学校に入学、あんま・マッサージの資格を取得し、卒業後、治療院を開業しました。

　また、1969年（38歳）には、「重複障害者の切実な問題点とその解決への意見書」をまとめ、当局に陳情・要求しています。次は意見書の一部です。

重複障害者の切実な問題点とその解決への意見書

『われら生きる』編集室

　この意見書はさきに日盲連からの問い合わせによって現在最も切実に感じる問題点を調査し、まとめたものですが、日盲連ではこのほど重複障害者の更生援護施設設置、施策の充実などを当局へ陳情、私たちの立場からもどのようにしたらよいかを具体的に要求するよう連絡があって提出したものでございます。

1. 更生援護施設設置の要望

　視力障害に重なる重度の身体障害者、特に全盲全ろう者は国立視力障害センターをはじめ盲学校や養成施設等で受け入れていただくことができません。

　全盲、強度の難聴者の場合も盲学校で講義が聞き取れなく苦労し、或はお客さまで過ごし、最終目的の按摩、マッサージ等の国家試験に合格できない人があります。

　こうした人びとに能力に応じた職業更生機関として理療科をも含めた多種類の職業更生訓練のための更生援護施設の設置を要望します。

指導方法

ア．耳の聞こえる肢体半身不随者等の重複障害者は、講義が聞こえますから行動の不自由さを考慮されるだけで一般盲学校での指導法でよいと思います。

イ．全ろう及び強度の難聴者は講義や口述が聞こえません。この場合、教科書のなかから難解語や理解できない箇所をメモさせます。それに対する説明及び教科書だけでは不十分な事柄を点字で書いて渡します。学習力をつけるため、月に2、3回、豆テストをされる方がよいと思います。

ウ．固型物体を理解させるためには、物体を触らせ、掌へ説明をさ

れる方法が望ましいと思います。
エ．按摩等の実技及び手芸などは、耳が聞こえる人と聞こえない人を一組にして指導されるのがよいと思います。
オ．裁縫、編物、ビーズ編みなどは、時々手許を注意される程度でよいと思います。

施設の構造
ア．居住室から教室や実技室へ一人で自由に行けるよう、廊下の一方へ手すりがあることが望ましい。
車椅子歩行者もあり、できるだけデコボコした廊下にならないよう、中庭などへの出入口も一段低くするのでなく斜面式が望ましいと思います。
イ．販売部を設け、日用品やお菓子なども外部へ買いに行かないですむようにしてほしい。
ウ．居住室各室毎にテラスをつけ洗濯物が他の人のと間違わないように物干場をそこへ取りつけてほしい。

その他
　これは最も大切なことですが、教員や従業員の方が、ろう盲者の指導を面倒くさがらないで、何でもよく話して教えてくださるよう切望いたします。

2. 福祉センター設置の要望
　職業人として自活できる人でも家族と折り合いがよくなく、兎角じゃま者あつかいにされる人たちは施設への入所を希望していますが、現状では身寄りのある人は入所出来ません。
　施設入所者は外部へ出たがっているようです。その理由は
1. 仕事をさせてもらえず、外出も許されず退屈です。
2. 一般の人を対象とする施設に一人いるため、理解が乏しく他の入所者や従業員からも相手にされない。

3. 慰問団の訪問があっても、見えない聞こえないため、一人寂しい思いをしているなどなどでございます。

　そこで家族との折合いの悪い人、身寄りのない人やまた営業の近代化をはかる資本金のない人びとが、安心して働け、生活できる場所として次の設備を完備した盲人福祉センター設置を要望いたします。
ア．宿舎、浴室、食堂、娯楽室
イ．授産所
ウ．電気治療器その他の治療器具、及び近代的設備のある治療室
エ．施術者及び患者送迎用の車
　この盲人福祉センターでも重度の重複障害者を優先的に入所許可されますよう切望いたします。

3. ホーム・ヘルパーの派遣

　既に派遣されている所も多いようですが、地方によっては、まだその制度もない所があります。是非、緊急問題として設定させていただきますようお願いいたします。
　私たちは手紙の上書き一つにも不自由を感じております。
　高価なカナタイプライターを購入する経済力はありません。人手を借りるのもなかなか借りられない場合が多くあります。
　全盲全ろうの主婦の家庭でもホーム・ヘルパーの派遣を心から求めております。
　次にその実例をあげましょう。

　　　　　　　　　　　（中略）

　この人たちの場合、自活できる技術を持っておられるので、ホーム・ヘルパーを派遣されて自活できるように援護される方が本人たちのためにも、市の福祉事務所の財政上からも有利なのではないでしょうか。
　ホーム・ヘルパーの派遣が無理でしたら、夫婦寮のある施設へ入所をお願いしたいと思います。

以上、ほんの一例に過ぎませんが、こうした重複障害者の家庭にも優先的にホーム・ヘルパーの派遣を要望いたします。

　現在、重複障害者が最も切実に感じているこれら問題が一日も早く解決されんことを祈ってやみません。

昭和44年8月6日
『われら生きる』　会員一同
（『われら生きる』墨字版第1集より）

◎「われら生きるの会」消滅と
　「中木屋スミヱさんと共に歩む会」発足

　このように、中木屋さんは精力的に活動を行っていましたが、翌年の1970年（39歳）に、体調を崩し、「われら生きるの会」は自然消滅してしまいます。会の活動や『われら生きる』の出版について、支援者や執筆した当事者の間で意見の相違などがあり、その中で心身の健康を保つことが困難になってしまったということです。

　1975年（44歳）に母親が亡くなってからは、一人暮らしで仕事も難しくなり、さらに疲弊していきます。家の手入れもできず、平屋建ての家は、今にも崩れ落ちそうな状態になりますが、他者に対して心を閉ざしてしまった中木屋さんは、その家で10数年過ごしていました。唯一、ホームヘルパーの派遣で中木屋さんの生活が支えられていたのです。

　1990年（59歳）、長門市に「中木屋スミヱさんとともに歩む会」が発足されます。発足当初は心を閉ざしていた中木屋さんですが、会の方たちの温かい支援で次第に訪問を心待ちにするようになったということです。

　支援者に心を開くようになったものの、移住にはなかなか応じませんでした。子供のころから住んでいた家から離れることは、簡単にはできなかったのでしょう。近い場所に支援者が家を用意しますが、動くことはありませんでした。

1995年(64歳) 1月に、小島純郎と当時東京盲ろう者友の会副会長の山岸康子氏(盲ろう)が支援者と共に中木屋さんを訪ねています。朽ち果てた家の中では話すことも難しく、宿泊先のホテルで数時間話したということです。移住の話は拒んでいたものの、中木屋さんから笑顔がこぼれるなど、次第に心がほぐれていく様子がうかがえたようです。その後も地元の支援者の説得が続き、同年移住することになりました。それでも住み慣れた家に帰りたいと言っていた中木屋さんですが、新しい家には支援者が訪れ、2001年(70歳)には山口盲ろう者友の会も発足し、さらに支援者の訪問が頻繁になっていきます。

　2003年6月に小島と山岸氏は再訪します。この2回の訪問について山岸氏が『コミュニカ』に書いていますので、一部抜粋を記載します。

　　1995年1月3日。中国地方の西の端にある中木屋さんの一人住まいの家を訪ねた。

　　　　　　　（中略）

　　度重なる苦難で人間不信に陥っている彼女の心は簡単には開かない、家も朽ち果てて今にも倒れそうだった。支援する会で別の場所に、こぢんまりとした住居を建築してあったが彼女は決して移ろうとはしなかった。

　　誰をもかたくなに拒絶していたが、しかし接触する人を邪険に拒絶することはなかったので私達とはかろうじて会話ができた。

　　「アタラシイ　イエニハ　ヒッコシマセンカ？」

　　カタカナで彼女のてのひらに書くと、おもむろに点字板を取り出して点字を打ち始めた。

　　「新しい家のある場所はここから遠くて山奥です。そんな所には行きたくありません。」

　　遠くなると人も来てもらえないし、買物にも行けないという不安が大きい。

　　ゆっくり座って話したかったが座る所もないので私達の宿泊している所へ行こうと誘った。初めは遠慮して誘いに応じなかっ

たが、やっと出かけることを承諾してもらった。

（中略）

　住み慣れた我が家を、それがどんなに壊れていようと離れたくはないし、仕事して人並みに生活したいというのが中木屋さんの切実な願いだった。長い間の逆境から来る苦難で岩のように重く根を張る心の傷が、周囲の人々の暖かい心で癒され、彼女なりの生活が出来るようになる日、そんな春が近いと感じさせるひとときだった。

（『コミュニカ』12号　1996年9月より）

　2003年6月、全国盲ろう者協会から派遣された私達は山口へ飛び、山口の友の会の人達の出迎えをいただいて、一緒に、中木屋さんを訪問した。

　中木屋さんはそこに座っていた。

　嬉しそうに全身で喜びを表し暗くみじめな世界から抜け出したように私には感じられた。友の会の皆さんが、盲ろう者である中木屋さんの特性を理解し、親身に、しかし、ひそやかに心をそわせていることに呼応した中木屋さんの変化に深く心を打たれるものがあった。

　中木屋さんをそして他の盲ろう者をとり巻く環境の変化 ──放置され無視された苛酷な過去から理解と愛で一緒に歩もうと心を開いてきた周囲の在り方── が中木屋さんの姿に反映していた。

（『コミュニカ』27号　2003年9月より）

　こうして、晩年は山口盲ろう者友の会や地元長門市の職員、ヘルパーの方々の親身で温かい支援を受け、穏やかに過ごすことができ、2011年9月6日、静かに生涯を閉じました。

座談会 全国盲ろう者協会の夜明け前を語る（東京編）

2020年11月30日

◆ 出席者 ◆

福島　智　社会福祉法人全国盲ろう者協会理事、東京大学先端科学技術研究センター教授
吉岡晶子　翻訳家、「点字あゆみの会」出身
植村信也　社会福祉法人桜雲会、「点字あゆみの会」出身
春野ももこ　福島さん通訳
橋間信市　社会福祉法人全国盲ろう者協会
甲賀佳子　社会福祉法人桜雲会（司会）

自己紹介

甲賀： 今日はみなさん、お忙しい中をお集まりいただき、ありがとうございます。私は、日本点字図書館で長く勤めていましたが、2018年に定年を迎え、現在理事を務めている桜雲会に足を運ぶことが多いですが、基本的にはフリーで自分のできることをやれたらいいなと思っていたところ、橋間さんから電話をいただき、今日の座談会となりました。

　そのおかげでみなさんとこの場にいることができます。この1か月の間、『ゆびで聴く──盲ろう青年福島智君の記録』（松籟社）※注1 と「福島智君とともに歩む会」（以下、「歩む会」）※注2 の会報1号から17号まで何度か読んで改めてわかったかなということがいくつかあるのと、福島さんに今だから聞きたいなと思うこともいくつかあります。

　みなさんには後ほど、私からの質問という形で投げかけますので、

ざっくばらんによもやま話ができればいいかなと思っています。

　最初に、今日お集まりのみなさんに簡単な自己紹介をお願いしたいと思います。

　まずは、福島さんお願いします。

福島：「歩む会」が発足した1981年の頃からたぶん20kgぐらい体重が増えています。なんか全体的には重いですよね。健康診断をすると、特別大きな問題はないけれど、いつも中性脂肪が多いから、ご飯を減らしてくださいということを言われております。

　大学を出てから、最初は東京都立大学に、その次は金沢大学に勤めたのですが、その後、東大での勤務が始まって何年かしてから抑うつ状態になっていることが度々だったんですよね。一言で言えば、忙しすぎることと、研究室に関係する人が多いといろいろとややこしい問題が起きるということで、ここ10数年、私は調子が良かったり悪かったりの繰り返しでした。

　今は、やや持ち直しているけれど、まだまだあまり元気が出ないという感じです。それでも全国盲ろう者協会の仕事、東京盲ろう者友の会関係のこと、それから全国各地の盲ろうの人たちへの支援を、直接・間接に少しはさせてもらっているので、この「歩む会」ができたことは意味があったんだろうなと思っています。

植村：私は2021年3月まで日本点字図書館で働いていまして、いまは桜雲会で働いています。

吉岡：私は、ずっと静岡県の函南町（かんなみちょう）というところで暮らしていたんですが、この秋に運転免許更新の日が来まして、更新しないことに決めました。それで車がないと暮らせない地域での生活で、自然は豊かなんですが、そういう生活に終止符を打ちまして、横浜に引っ越してき

ました。

春野：今日は福島さんの指点字通訳で伺っております。福島さんとは同じ附属盲学校の出身というご縁と、それから「視覚障害学生問題を考える会」※注3という会でご一緒したご縁がありました。そして福島さんが大学院に入った頃から、授業の通訳で指点字通訳を、それ以来、福島さんが金沢に行っている間を除いて、ずーっと隣に座って今日に至るということで。今日は通訳として伺いました。よろしくお願いします。

塩谷治先生・小島純郎先生の思い出

甲賀：塩谷治（しおのやおさむ）先生は2014年にお亡くなりになられて、今ここにはいませんが、盲ろうになった福島さんが塩谷先生と最初に会った時のこと、覚えていますか？ 『ゆびで聴く』という本には、「昭和56年（1981年）3月21日、福島くんは全盲ろうとして、筑波大学附属盲学校寄宿舎に戻ってきた」という記述がありますが。

福島：盲ろう者の状態で塩谷先生にお会いしたのは、僕が東京に戻ってきた日なので、3月21日であっています。部屋が変わるから荷物整理をしたんだと思いますね。寄宿舎では、毎年部屋替えというのがあって、私は盲ろう者になった立場を利用して、本来はできないんですが、同室の希望者を指名してこの二人と一緒になりたいというふうに同級生の二人を指名したんですよね。で、その関係で部屋の移動なども荷物の整理とどう関係するかはわからないけれど、とにかく先に荷物整理をしたほうがいいような状況でしたね。

甲賀：それでは、小島純郎先生とのことは覚えてますか？

福島：はい。筑波大学附属盲学校２階の教官室の向かいにある小会議室というところで話をしました。塩谷先生との再会からちょうど１ヶ月後の４月21日のことです。塩谷先生が僕に事前に、小島先生という人がいるんだけど、君と話がしたいと言ってるよ、みたいな割と気楽な紹介があって、僕と小島先生を引き合わせました。小島先生はライトブレーラー方式※注4の指点字を使って、大学の先生であること、ドイツ文学が専攻であるという自己紹介をされました。

『ゆびで聴く』の中で小島先生が書かれている通り、この先どうなるのか、どうすればいいのかという不安を、小島先生に繰り返し話していたようです。僕はあまり周りの人間にはそんなことは言わないですけれども、小島先生はそういう不安とかをお話しても大丈夫な人という印象があったので、思わずいろいろと弱音も含めてお話ししたんだろうと思います。

点訳者・井田道子さんについて

甲賀：それでは、井田道子（いだみちこ）さんについての話題に触れたいのですが。

福島：最初に、点訳者として会っているんです。だから、私は高校１年生の時に会っていて、私は井田さんの声を覚えているということ。ここにいるみなさん全員のお声はたぶん耳で聞いたことはないんですが、井田さんはかろうじて聞いたことのある人ですよね。

いかにも、上品な奥様という感じの声やしゃべり方で、私は英語の参考書、『基礎からの英語』という英語の参考書の点訳をしてもらっていて、その読み合わせをやっていました。

塩谷先生は、読み合わせを重視しますから。僕はとにかく点訳してくれたらもう渡してくれればそれでいいんだがなーと思っていたんです。

甲賀：いけませんね〜それは。

福島：少々間違っててもいいんだよなと思ってたけど、「点字あゆみの会」※注5的な発想としてはそれは許されないし。
　私は読み合わせに遅れていって、「すみません、どうも」とよく言っていましたが、点訳してもらった本はすごく役に立ちました。

初めて福島さんと会った頃の思い出

甲賀：植村さん、初めて福島さんと会った頃のことで、何か思い出はありますか？

植村：『ゆびで聴く』を改めて読んでみて、思い出したことなんですけど、塩谷先生が書いた「3月21日」、私は筑波大学附属盲学校にいたんです。福島さんはすぐに木更津の病院に行ってしまったのですが、ちょうど盲学校に立ち寄った日です。だから、その時のお母さんの姿も拝見しています。その当時、福島さんへの通訳の仕方は確立していなかったので、まったく話はしていませんけど。その時は、ものすごく意気消沈していたと思うのですが、私は福島さんのことをすごい美少年で、本当に惚れ惚れするくらいだと感じました。

甲賀：それでは、植村さんが福島さんと直接指点字で話したのは、もっと後ですか？

植村：それがよく覚えていないんです。

福島：準備会の時は、たぶん挨拶を含めて話していますよね。だから

1981年11月にはお会いしている。

植村：私が日本点字図書館に入ったのは1982年４月なので、その前のことで、印刷屋で働いていた時代です。

福島：それでは、「点字あゆみの会」にはすでに入っていましたね。

植村：そうです。

甲賀：吉岡さんはいかがでしたか？

吉岡：最初にお会いしたのがいつかについてはまったく覚えていなくて、塩谷先生と甲賀佳子さんからそれぞれ声をかけられたのだと思います。1982年春に、アメリカに行くことになって、１年間は何も活動していなかった気がします。日本に戻ってきてからすぐに、東京都立大学での通訳を頼まれ、井田さんの代わりに行きました。

甲賀（三浦）佳子さんと福島さんとの出会い

甲賀：私は福島さんと初めて会った時のことを「歩む会」会報12号に書いていました。当時は、旧姓の三浦となっています。
　聞こえなくなった彼が不安のうちに（入院先の木更津の病院から）学校に戻るという前の晩でした。塩谷先生に頼まれて高３のクラスメイトと指文字を勉強することになっていた私は、その打ち合わせに行ったのです。盲学校の寄宿舎の玄関に現れた彼の指に、「初めまして三浦です」と指点字を打った時から、私にとっての指点字生活がスタートしたのです。

指点字による「状況説明」の始まり

甲賀：それで質問ですけど、この後、指点字通訳が7月の21日くらいですか？ クラスメイトの伊山(いやま)君と3人で、喫茶店に行った時に、たまたま私が伊山くんの言葉を伝えながら自分の言葉を指点字で書いたというのが通訳の始まりということになっていますけど……。クラスの中で授業通訳以外は、例えばホームルームとか、ちょっとした雑談とかどうやって過ごしていたんですか？

福島：ちょっとした雑談というものはなかったということです。つまり、私に雑談があったり、用事があったりする人は、自分の言いたいことを私に言いますよね、指点字で。

　だから一対一での短い話はあったけど、さらに授業の通訳は、教員の言葉をブリスタ※注6などで打つので、それはできるんですが、例えば他の生徒が質問をしたとして、その質問に先生がどういうふうに答えて、また他の生徒がどう答えたかみたいなやり取りは伝わっていないということですね。

　なので、喫茶店でのやり取りで、非常に大きな変化だったのは、三浦さんが伊山君と話をしていることを、私に伝えたということですね。伊山くんが僕に話しかけたのを伝えたのではなく、それを通り越して伊山くんと三浦さんとのやり取り、どちらが先に話をしたかわかりませんが、とにかく通訳者と誰かとの話を、僕が当事者ではないやり取りを僕に伝えたというところが非常に大きくて、だから直感的にこれは、これまでとは全然違う指点字の使われ方がなされたんだと思いましたよね。あの時どちらが話をしたんですか？ 甲賀さんが伊山に話をしたのかな？

甲賀：私が「伊山君、いつお家に帰るの？　伊山、明日帰ります」で、福島さんが「いつ帰ったってどうせ勉強なんてしないだろう」とかいうような会話に、すぐ福島さんが入ったんです。

　結局は、福島さんと伊山さんの会話になっていたんですけど、私は通っていた和光（わこう）大学で聞こえない学生が周りにたくさんいたので、手話は複数で通訳者なしでも手話ができれば5人でも10人でも一緒に話せるけど、指点字は直接手に触れている人が伝えなければ伝わらないんだということをあの喫茶店の1時間ぐらいの、たわいのない話の中で感じて、たまたまそうやって伝えただけなんです。

塩谷先生が入院中の福島さんにかけた言葉

福島：さかのぼれば、その年の4月5日かな？　僕がまだ病院にいる時に、塩谷先生が訪ねて来られました。その頃、私ははなはだ気落ちしていた状態でしたけれども、指点字で話をして、まだ慣れていないパーキンス方式※注7で、しかも向かい合わせでもあったので、なかなか読むのが大変でした。先生は、「とにかく君は大学進学が希望なんだろう」というふうにおっしゃって、私が「そうですけれどもどこか行くところがあるでしょうか」とか、「行った後どうなるんでしょうか」とかいろいろ心配事を並べた時に、「そんなことはやってみないとわからない、だけど君が希望するなら応援するよ」とおっしゃったんですよね。

　その時僕が受けたニュアンスとしては、塩谷先生が一人で応援するんじゃなくて、塩谷先生を中心に応援団のようなものを作って応援するという、そういうニュアンスで受け止めたんですよね。

　それでなんとなく心強い感じがしたので、上手くいくかどうかわからないけれどもチャレンジする、チャレンジするだけチャレンジしようかなという気持ちが固まったということがありました。

吉岡：私は準備会のことはほとんど覚えていませんが、「こういう会を作りたいから協力してもらえないか」というお話は、2～3回塩谷先生からありました。その時に福島さんは、入院中だと聞きました。だからその頃塩谷先生は福島さんの進学を想定していて、それで、最初はたぶんテキストの点訳とかです。指点字で通訳という話はまだ全然なくて、大学進学を支えるメンバーとして参加してもらえないかというお声がかかったのを覚えています。全然会ったことのない青年のために、まあ結局は塩谷先生の熱意が大きかったから、協力しようかなと思いました。

7人のメンバーからスタート

甲賀：塩谷先生は、早稲田大学の学生だった時に、真喜屋実蔵さんという全盲の方と出会ったことがきっかけで、点字の世界に入り、その後盲学校の教員になられたんですね。「点字あゆみの会」というまったく民間の点訳団体を作り、100人以上を超えるようなサークルを最初に作ったような方でしたので、たぶん福島さんのこともクラス担任だからとかそういうことを越えて、最初から何らかの組織を作っていかないといけないという想いを持ってたんだろうと思うんです。

　スタートは7人の会だったわけですが、半年ぐらいの間に「点字あゆみの会」やクラスメイトを中心に、例会への参加者が倍くらいに増えてきている。

福島：そうですね。ただそれ以降は、そんなに増えていないですね。その次の年も大体数人から10人ぐらいの間で行ってきて、でも、おそらく塩谷先生の中の思いとしても、目的が福島一人の支援であれば、そんなにたぶん人が集まっても、それはあまり意味がないと思っていたんだろうなと思います。だけど、徐々に他の盲ろう者ともつながり

が出てきて、合宿などにも他の盲ろう者が来るようになってきて、ある時点からこれはいつまでも福島一人を支援する会では限界があるというか、望ましくないという話になっていきました。

多くの盲ろう者を支援するのであれば、そもそもこういう任意団体では無理だろうという、そういう感じを1980年代の半ばぐらいから持ってらしたんだと思います。他のいろんな盲ろう者や、盲ろうの子どももいるということが、実際の交流でわかってきた。それで、やはり次の段階に行くべきなんだろうなという話がぼつぼつ出てきていたんだろうと思います。いつの時点でとは、はっきり言えませんけど、私が大学院の修士1年になった1987年の半ばぐらいからかな。

盲ろう者とのコンタクトが取れ始め、少しずつ広がりが

甲賀：時系列をたどっていくと、福島さんが予備校の時に、ちょうど60周年を迎えた『点字毎日』※注8に書いた「点字と私」という体験文が載ったことがきっかけで、それを読んだ盲ろうの方とコンタクトが取れ始めたり、少しずつ広がりが出てくるんですけど。この1982年の5月6月ぐらいに例会に参加した人たちは、まだ福島さんという存在しか頭の中にはなかっただろうと思うんです。

小島純郎先生は、大学で聞こえない人に手話をしながらドイツ語を教えたり、見えない人のドイツ語のテキストを自分で点訳して、来週はここをやるから予習してきてねみたいに、先生ご自身が見えない、聞こえない学生に対して直接かかわってくださるような方だったので、きっと福島さんに出会ってまだ間もない頃から、第2第3の福島さんというイメージを持っていらしたのかなと、いまさらながら思います。

福島:たぶん二段階あって、一つは私と同じような高等教育を目指す盲ろう者ですよね。それが第2第3の福島で、門川紳一郎(かどかわしんいちろう)さんのような人。そして、もう一つは通訳者の制度などが何もない日本で他の多くの盲ろう者も利用できるような意味での、福島以外の大勢の「福島」を念頭に置いた活動をするということもあるんだろうと思います。

　だから、最初の段階は、まずは高等教育を目指している盲ろう者を支援するというところから。それが、福島を支援する会に名前が変わっていますので、第2第3というと、門川とか、他の盲ろう者が出てきた場合の支援なんだろうと思いますが、これは、本人を支援するということと同時に、起爆剤となって、福祉制度などを変えていくという意味合いもあったんだろうと思うんです。そこまで見通しておられたかはわからないんですが。でも、少なくとも、私を支援すればそれで良いという発想ではなかったということですね。

門川紳一郎さんの大学進学

甲賀:福島さんが『点字毎日』の60周年記念の時に文章を書いて、325編の中から最優秀を取った、それが『点字毎日』に載ったこと、その時に5名の方が優秀ということでしたけど、そのうちの2人が盲ろうの方であったという、すごく画期的なことが、やっぱり会が広がっていくひとつの大きなきっかけだったと思うので、改めて1982年秋、予備校時代に浪人生だから勉強をしなくてはいけないけど、こんなエッセイを書いていたんだなということが思い出されるので、その当時のことからまず話してもらえますか。

福島:指点字をですね、どこかで文章にしたいという気持ちがありましたし、一方で点字を原理にして誕生した指点字に救われたということ

座談会 全国盲ろう者協会の夜明け前を語る（東京編）

を形にしたいという気持ちがありました。それで、そういう文章を書いたわけです。

　1982年の10月3日に発表された『点字毎日』では全文、毎日新聞本紙にも要約が掲載され、NHKラジオなどで紹介されたようです。ただ私自身はその時苦しい状況でした。ご承知のように大学受験自体が、事前にお伺いを立てて、受験してもいいですよと言ってくれたところしか受験することができない。6月の時点で東京都立大学1本に絞って交渉して、9月、受験してもいいですよという返事は来たけれど、いざ受験して良いとなったら、今度は絶対落ちるわけにはいかないというプレッシャーが、かかってきますよね。

　「ともに歩む会」の支援もあるし、いろいろ動いてくださった方々のこともあるし、カンパ活動などに協力してくださった方のこともあるし、普通の受験生は共通一次試験（今の大学入学共通テスト）の点数を見て、その後どこを受けるか決めることができるわけですが、私の場合は都立大学しか選択肢がない。しかも落ちるわけにはいかない。普通の受験生であれば、落ちたら残念だったですむけれど、私の場合は、残念だったではすまないというプレッシャーがあったので、そこは、しんどかったですよね。

甲賀：福島さんご本人は、きっとそういう中ででも、その文章を書いてくれたことがきっかけで、入賞者の方に盲ろうの方がいたし、この後、大阪の「門川紳一郎君を支援する会」につながっていく動きが出てきたんだと思うんですよね。

　1983年の7月28日の「歩む会」の例会で、「大阪市の高3の点字使用者で弱視（で聴覚障害）の門川君は、福島君に刺激を受けて大学進学を希望」という報告があって、これについても東京でできるだけのことをしようというふうに話し合っているんですね。で、その年の8月10日、福島さんが大学1年生の時、実家のある神戸に帰った時に

門川さんと会っている。「ブリスタではうまくいかず、指点字で話す」ということが例会報告にありますけど。

福島：門川さんに後に聞いた話によると、彼は大学に行きたいと言っていたんだけど、大阪市立盲学校の先生から「目が悪くて耳も悪いから無理だ」と言われて、反論できずに悔しい思いをしていた。その時に私が都立大学に入学したという報道が流れたので。1983年時点で、彼は高校3年生だったと思いますが、「その先生もだめだと言えなくなって、それならまぁやってみたらどうかみたいな方向に変わった」と言っていました。

やはり実際に私が大学に入ったということに説得力があったんだろうと思います。作文だけだったら、盲学校の先生は納得しなかったかもしれません。神戸市内で彼と会った時、指点字で話してみたら、そこそこすぐに通じたので驚いたということと、話は早いなと思ったことを覚えています。

その後、彼は私の下宿に何度か泊まりに来るようになりましたし、千葉とか静岡とかで行われていた「歩む会」の合宿に参加したりして、東京のメンバーとも交流をして、逆に私や甲賀さんは、大阪のメンバーと交流するということが始まっていくんですよね。

小島先生が、第2、第3の福島君と言っていた、この第2である門川さんが誕生するそのきっかけですよね。その時は高校3年で、彼は1年浪人して、1985年から桃山学院大学に進んだので、少なくとも一人私に続く人を、私たちの会の活動がほぼ直接的に生み出すきっかけを提供したということだろうと思います。そこから大学に行くということだけじゃなくて、いろんな生活スタイルをしている盲ろう者とのつながりも、また、直接の出会いで広がっていく。

我々の活動の特徴は、実際に交流会をしたり、泊りがけのおしゃべり会をしたり、海や山に行ったり、合宿をしたりということが、大き

なきっかけになって、つまり単に資料を送ったりするだけじゃない、直接的な交流が、人の輪、盲ろう者の輪を広げていったということなんだろうなあと思います。

さいごに

甲賀：では、さいごに、今後の福島さんあるいは、全国盲ろう者協会に思うことを一言いただきたいと思います。

吉岡：福島さんはずっと長いこと盲ろう者のアイコンとして、本当はそんなに目立ちたがり屋じゃないかもしれないのに頑張っていらしたから、少しはゆっくりとやりたいことをやって、盲ろう者のアイコンという立場から降りても良いかなとは思っています。

福島：ありがとうございます。本当にね、どうしても無理が出てきちゃうんですよね。

植村：私は、「点字あゆみの会」にいた関係で、塩谷先生の想いが広がって福島君、さらに全国盲ろう者協会に広がっていると思うんですよね。それを大事にしてもらって、あとは、今のコロナ禍を無事に生活してほしいなと思います。

吉岡：橋間さん、いまの協会の職員さんたちで、もう塩谷先生をご存じないっていう方はいらっしゃるんですか？

橋間：はい、いますね。

吉岡：知らない職員さんが増えてきていると思うのね。

橋間：小島先生となると、もっといないですよね。

吉岡：どう伝えていったらよいのか、この協会のいしずえを、作った人たちのことを常に思い起こして、この協会を続けていってもらいたいなと私は思います。

植村：ほんとにそうですね。

吉岡：やっぱり、こういう団体っていうのは、すべて原点をみんなが共有していないと成長がないと思うんです。日々の雑務に追われて、ここの助成金、こういうのが出たのとか。そういうことで過ぎていってしまうというのは、こういう協会が発展していくためにはそういう方向にどんどんいかなくてはいけないことはよくわかってはいるんですけど、せめて今の人たちがわかってくれたらいいなと思いました。

甲賀：これからの全国盲ろう者協会には、やることがたくさんあると思います。盲ろうの方の働く場、盲ろうの方が安心して生活できる場所、グループホームとか、いろんな形があると思うんですけど、ぜひ協会としてやっていってほしいし、それは「歩む会」のときにはできなかったことだけど、協会はこれからそういうことを考えてやっていってほしいと思います。

　で、植村さんや吉岡さんも言われたとおり、私たち「歩む会」で活動していたメンバーにとっては、小島先生と塩谷先生がいてくださったから今がある。このことに間違いはないと思うので、ぜひそれをいまの職員の方に伝えていってほしいと思います。福島さんは、東大は何歳で定年になるんですか？

福島：一番長い場合に、65歳ですね。

甲賀：私60歳で日点を定年退職で離れて、本当に良かったと思っているんですね。仕事は仕事として退職までやりましたけど、自分の人生において、仕事以外にやりたいこと、たくさんあります。それを、退職してからフリーということで、時間を自分のやりたいこと、会いたい人と会い、好きなことをやるほうが気長に生活できますので、どこかで線を引かれて、自分で、自分の好きなことをやる人生を送られたらいいんじゃないかなと思います。

　福島さんの趣味だとか、例えばクラス会だとか、ただの飲み会だとか、そういうことなら何かお手伝いできることもあるかもしれません。（1981年11月の「歩む会」準備会の創設メンバー7人のうち）今この場にね、塩谷先生、小島先生のお二人がいないこと、井田さんもいなくなってしまったことが残念ですけれども、でも、なんとかこの4人の方に集まっていただけたというのがせめて、今できることだったなと思うので、ここからはもう協会の方にバトンタッチで、福島さんも自分で線を引かないと誰も引いてくれないので、自分で公的な活動の福島さんから、私的な、プライベートの時間を大切にする福島さんにいつ入っていくかということはそろそろ考えておいたほうが良いかな？という年齢かなと思います。まあ、ピアノでも弾いて、歌でも歌う日が来ることを楽しみにしております。

福島：私自身も、そして私にご協力くださった皆さんも、たぶんこれは、何者かの意思によるものだと思いますので、自分自身役割を担っているんだろうなと思っています。

　さっき、アイコンのことをおっしゃっていましたが、私の精神科の主治医も、アイコンないし、イコンですね、偶像的な象徴としての、しんどさというのがやっぱりすごく、この適応障害とか鬱っぽくなっ

たときの治療がむずかしいというふうに言っていました。（適応障害の発症から）15年経って、いまも治ったり、戻ったりを繰り返している感じで、だいぶ慣れてきましたけれども、とにかくオーバーワークがダメだということ……それは感じてきましたので、適度に、あるいは、どんどん休んでいこうかなと思っています。

　盲ろう者はどうしても時間がかかるので、盲ろう者全体の取り組みをするうえで、なるべく長生きはしておいたほうがいいかなと思っています。そのうえで、小島先生と塩谷先生の教え、あるいは生き方とはなんだったのかなと改めて思ったとき、小島先生は個別具体的な一人ひとりの人とのかかわりが一番深い、あるいは、強い人だったなと思っています。塩谷先生も、もちろん一人ひとりの相手とのかかわりも大切になさっているんですが、同時に仕組みを作るということ、誰かを助ける、あるいは何かを成し遂げる仕組みを作る、そして作ったら自分はすっとその場を離れるということを繰り返してこられた。これはものすごく大切なことだなと思っています。おふたりの先生のメッセージを両方実現するのは至難の業ですが、どちらかといえば、私は塩谷先生のなさったことを少しでもなぞることが、私に課せられた任務なのかなと思っています。

　そして、まだ今は放っておいても盲ろう者の皆さんが生活できるという状態にはなっていないので、なんとかそのインフラ整備に少しでも力を尽くして、それで世を去るっていうシナリオでいければいいなと思っています。

　東大のほうでひとつやりたい研究があるので、それもなんとかぼちぼちと思っていますが、なかなかはかどってはいません。ぜひみなさんこれからも、わたくし、それから全国盲ろう者協会、たぶん全国盲ろう者協会は今後見た目には大きくなっていくと思いますが、見た目が大きくなっても中身がしっかりしていないといけませんので、ぜひ精神的な部分も含めて応援していただければと存じま

全国盲ろう者協会の夜明け前を語る（東京編）

す。本日はありがとうございました。

注1　『ゆびで聴く―盲ろう青年福島智君の記録』小島純郎・塩谷治 編著　1988年松籟社刊
　　　トヨタ財団の助成金を使って出版され、墨字版のほか、大活字版、点字版も製作された。

注2　福島智君とともに歩む会
　　　高校3年生で全盲ろうとなり、大学進学を目指した福島智さんの大学生活をサポートするために結成された団体。

注3　視覚障害学生問題を考える会（略称：視障学生会）
　　　1970年以降、大学に進学する視覚障害学生が増えてきたことから、当事者や支援者が大学の垣根を越えて情報交換を行い、また受験問題に取り組むために結成された団体。

注4　ライトブレーラー方式
　　　別名「カニタイプ」とも呼ばれる点字タイプライター。点字の形状にあわせた6つのキーがあり、点字の凹面にあわせてキーを押し、「ライトブレーラー方式」と呼ばれる。

注5　点字あゆみの会
　　　1966年に塩谷治によって創立された関東地方最大級の点訳ボランティアグループ。

注6　ブリスタ
　　　盲ろう者への通訳で使われるドイツ製の速記用点字タイプライター。

注7　パーキンス方式
　　　アメリカのパーキンス盲学校で開発された点字タイプライター「パーキンスブレーラー」は、点字の形状にあわせた6つのキーがあり、点字の凸面にあわせてキーを押し、「パーキンス方式」と呼ばれる。

注8　点字毎日
　　　毎日新聞社が1922年（大正11年）から発行を続けている週刊点字新聞。

座談会 全国盲ろう者協会の夜明け前を語る（大阪編）

2020年12月18日

◆出席者◆

門川紳一郎（かどかわしんいちろう）	社会福祉法人全国盲ろう者協会理事
田中康弘（たなかやすひろ）	大阪盲ろう者友の会副代表理事
武田裕子（たけだひろこ）	点訳ボランティア
愼　英弘（しんよんほん）	四天王寺大学名誉教授
橋間信市（はしましんいち）	社会福祉法人全国盲ろう者協会
甲賀佳子（こうがけいこ）	社会福祉法人桜雲会（司会）

門川さんが福島さんと初めて会った時のこと

甲賀：東京で「福島智君とともに歩む会」が始まったのは、1981年11月30日、準備会という形で7名の人が集まったんです。そのときは全国にどういう方がどのようにしているかまったく知らなかったんですけど、1982年6月、「福島智君とともに歩む会」会報第1号を出したときに、会長の小島純郎先生が「ご挨拶」という文章の中に、福島さんを支える会を作ります、でもこれは福島さんだけの会ではなくて、第2、第3の福島さんが現れたときに、なにがしかのお役に立てればと思って会を作りました、みなさん協力をよろしくお願いしますというような文章を書いていらっしゃいます。

そして、1983年のいずれかの時点で、東京側からいうと、初めて門川紳一郎さんが大阪市立盲学校の高等部にいらっしゃることを知り

ました。まず最初に、門川さんが高等部にいたとき、福島さんという存在をどのようにして知りましたか？

門川：僕が盲学校高等部３年生のときに、近畿盲学校弁論大会に出場しました。弁論大会を終えた頃に、その弁論の担当をしてくださった盲学校の先生が、東京で福島智さんが日本で初めて大学に入られたという情報を持ってきてくださいました。僕も『点字毎日』で読んで、このニュースは知っていましたが、この先生が僕に福島さんとコンタクトを取ってみませんか？と提案くださったんですね。僕もぜひ会ってみたいと答えました。そのあと、1983年の８月だったと思うんですけど、大阪から神戸に行って、神戸のどこだったか思い出せないんですが、福島さんと甲賀さんに神戸でお会いしました。

　初めて福島さんに会って、そのときの感動と言いましょうか、うれしいような、感激。それまでは、見えない、聞こえないという存在は僕だけなのかな、将来どうして生きていけばいいんだろうかなど、いろいろ悩んでいる時期がありましたので、福島さんとの出会いは勇気も与えてもらえたし、聞こえないことが悪いことではないということを思い知ることができましたし、聞こえないうえに目もまったく見えない福島さんが、大学に入学されたということはすごいことだなと感心もし、尊敬もしました。

　その時のコミュニケーション方法は、ブリスタですね。僕は初めて触ったんですけれども、これを使ってやりとりをしようとしていました。ところが、僕が紙テープに打ち出される点字をなかなか読むことができなくて、手書きに切り替えました。すると福島さんが手書き文字ですけど、大きくゆっくり書いてくれました。そのときのことは、今でもよく覚えていまして、本当に心がこもっているように感じました。

　相手に伝えようというその姿勢が伝わってきました。その後、指点

字にも切り替えて、ゆっくりでしたが、指点字を打ってもらいました。僕からは福島さんに指点字で打ち返し、この方法でその後会話が続いていたと思います。

門川さんの進路

門川：高校3年生の夏に初めて福島さんと出会ってから、僕自身がそれまで先のこと、どうしたものかわからないまま、心が揺れていたわけです。他のクラスメイトは大学を受験する人もいれば、そのまま専攻科に進む人もいるし、みんな進路が決まっているのに、僕だけどうしたら良いのかわからないままでした。

　まず、大阪の日本ライトハウスで情報処理の勉強ができないか考えて、相談に行ったんですが、「受け入れ態勢ができていない、大学に行って一般社会など社会常識について学んでから、また、ライトハウスに相談に来てみてください」と言われました。そこでとりあえず、その当時の共通一次試験、あと、一つの大学の推薦入学試験を受けました。けれども、結果は出ないまま、終わりました。

　そして、福島さんが全盲全ろうで大学に進学されたことを知り、僕も大学に進学する道を選ぼうかなと考えて、福島さんと手紙のやりとりをしながら将来に向けての準備を始めました。

　高等部を卒業したあとは進路が決まっていなかったために浪人生活になったのですけど、1984年の春、5月頃だったかと思うのですが、今日ここにいらっしゃる武田さんと慎さんが、僕の家に来てくださったんですね。とにかく、学校以外で支援者という立場である人と出会ったのは、このお二人が初めてでした。

　このお二人はその後、僕の大学での授業とかの支援をしてくださって、その後周りに一人、また一人と盲ろうの方が集まるようになって、

僕も大学を卒業できまして、これからどうするかということで、武田さん、慎さんなどが、大阪盲ろう者友の会の発足に関して大きく貢献して下さった方々ですね。その前の大学生活の4年間を含めると、35年くらいになりますが、そのうち最初の15年くらい、武田さん、慎さんと一緒に活動をしてきました。その後、僕はアメリカに行ったりもしていましたが、途中、いろんな事情もあって、しばらくの間、疎遠な状態になってしまいました。特に武田さんはどこにいらっしゃるかわからなくて、連絡も取れない状態のままでしたので、今日、久しぶりにお目にかかることができて、とてもうれしく思います。

武田さん、慎さんと、門川さんとの出会い

甲賀：武田さんが、門川さんを最初に知ったのはどのようなきっかけだったでしょうか？

武田：実際に門川さんとお会いしたのは、1984年の春のことですが、きっかけは京都の大谷大学に在籍され、卒業後、東京に戻られた全盲の大橋由昌(おおはしよしまさ)さんですね。大橋さんからお電話をいただいて、大橋さんとは点訳を通じて知り合いになっていました。大橋さんから門川さんのことを聞き、支援に加わってもらえないかと話がありました。私の記憶では、大阪で第1回の支援のための集まりがあったときには、私はたぶん体調が悪くて参加できていなかったと思うんです。その後、私はたぶん一人で門川さんの家に訪問して、一人で家におられた門川さんにお会いしました。最初は手書き文字でお話しましたが、途中から指点字に切り替えてお話したと思います。大阪での2回目の会合には参加しました。

甲賀：次は、愼さんが門川さんと出会った頃のお話をお願いします。

愼：世の中に盲ろう者がいるということを知ったのは、門川君に出会ってからです。それまではヘレンケラーの関連の書籍は読んでいたんですが、ヘレンケラー以外に盲ろう者がいることは知りませんでした。

　ですから、門川君が弁論大会に出たということも全然知らなかったです。それでは、なんで知ったかというと、武田さんに図書館で対面朗読をしてもらっていた関係で、武田さんから、門川くんという人がいて、目と耳の両方に障害があって、大学に行きたいということ、支援できないだろうかという話を聞きました。それならぜひ会ってみたいと思ったんですね。なぜかというと、僕はそれまで大学院にいて、自分も全盲だし、自分のことで忙しくて、人のことまでかまってられなかったんですけども、大学院の博士課程に行くようになって、ずいぶん時間的に余裕ができたということもありました。

　僕の記憶では、門川君の家に行ったのは1984年5月20日だったと思います。門川君は大学に行きたいということで、支援してくれないだろうかという話になって、どういうふうにすればよいかということを相談した、それが初めてです。

甲賀：ありがとうございます。1982年、福島智さんが予備校時代に、「『点字毎日』60周年記念」ということで作文コンクールがあって、彼が最優秀賞になったことがきっかけで『点字毎日』に大きく報道されています。

　そのときに稲岡幸恵（いなおかさちえ）さん、四国の花岡健三（はなおかけんぞう）さんなど、他にも全国に盲ろうの方で優秀賞を取られるような方がいて、かたや門川さんは高校時代に弁論大会で近畿大会では優勝、全国大会では準優勝され、これらが新聞報道されます。こういったことで私たちは盲ろうの方の存在を知って、門川さんと福島さんが直接会われたのは、東京の「福島

全国盲ろう者協会の夜明け前を語る(大阪編)

智君とともに歩む会」会報9号の資料の冒頭にあります。門川さんは桃山学院大学3年生のときに、「指点字との出会い」というタイトルで文章に書いて、『ゆびで聴く』という本にその文章が掲載されています。

　"一つ一つの文字を、両手合わせて6本の指の上に、パーキンスブレーラーで点字を打つようにして打ってもらった。「うん、わかるけどしんどいなあ」と口で答える。やはり、何を学ぶにしても、最初は苦労するものだ。それは、高校3年の夏のことだった。"と門川さん自身が書いています。これが、お二人の最初の出会いであり、私もいたみたいですし、すでに武田さんは門川さんの存在を知っていたし、その後、武田さんや愼さんとも出会われていくんだろうと思います。

桃山学院大学での指点字通訳について

甲賀：門川さんは1年浪人して、1985年4月に桃山学院大学に入学されました。この時期をどのように過ごされて、どのように支えていたかについて、もう一度武田さんにお願いしていいですか？　門川さんが桃山学院大学に入学される前後の通訳体制など、なんでも覚えていることを教えていただけますか？

武田：門川さんは浪人時代に予備校に通われました。予備校の名前も受講した科目も忘れてしまったんですけれど、ブリスタ通訳で受講されたと思います。それから、たぶん予備校の受講の交渉とか、あと、大学の受験に向けての交渉とかはおもに愼さんが担ってくれたんだろうと思います。私は交渉についてはほとんど覚えていないんですね。

　ただ、予備校に通い始める前に一度担当者と話したときに、そこは以前に視覚障害者を受け入れていたということで門川さんも受け入れ

てくれたんですけれども、担当者は「門川さんは自分でタンスから服を出して、着替えることはできるんですか？」って聞かれて、視覚障害の人を受け入れていたのに、こういう程度の理解なのかと思ってびっくりしました。そのことだけ覚えています。

あと、大学に向けて、受験の交渉は愼さんからお話いただいたら良いと思うんですけど、門川さんは桃山学院大学の二つの学部を受験したんだと思うんですね。一つの学部はちょっと通訳者と門川さん本人と席を離されました。私は不満を言ったんですけれども、あまり強行に抗議して落とされても困ると思ったんですけど、ちょっと離れた席で様子を見て、門川さんが困ったときに手をあげて、それを私が後ろから見ていて、そばによって、彼と話をして、監督の人に伝える方法だったと思います。

もう一つの学部の時は、すぐ後ろに座ることができました。彼が手をあげるとか、私のほうは監督の先生が話をされている時には、背中をトントンと叩いて合図をして、ブリスタか指点字かも覚えてないですけれども、通訳したんだと思うんです。

甲賀：もう一つお聞きします。「福島智君とともに歩む会」会報の12号によると、1984年の11月ぐらい、武田さんが都立大学に入った福島さんの授業を見学するために東京にいらしてるんですね。何かそのあたりはいかがでしょう。

武田：とにかく不安だったんですね。うまく通訳として門川さんの勉学の支援が本当にできるのかどうか、非常に不安でした。それで福島さんにお願いをして見学を認めていただいて、教室に一緒に入って、講義を聞いて、途中でたぶん福島さんから「通訳してみてください」というふうに言われて、急遽福島さんの横に行って、ブリスタ通訳を短い間ですけどさせてもらいました。やっぱり現場での通訳の様子を見

座談会 全国盲ろう者協会の夜明け前を語る（大阪編）

せていただくことで、何とかやっていけるのかなと、少しだけ希望が出たような気がしました。東京にはその他にも会に参加させていただいたり、いろいろ指導していただいて、本当に助けていただきました。いまでも感謝しています。

盲学校での授業について

甲賀：では、門川さんご自身が予備校から大学に入られて、その通訳体制とか学内生活とか、どんなふうに過ごされていたか、しばらくお話ししてもらえますか。

門川：大学に進学しようということを自分の中で決めたと言いましたが、大学で実際にどのようにして勉強するのか、イメージが全然ありませんでした。福島さんの授業を見たこともありませんでしたし、通訳者同伴というのがどういうものなのか、そういうこともまったく知らない状態でした。

　大阪市立盲学校では、勉強はですね、先生と一対一での勉強、それも小学部3年生からです。小学部3年生から高等部の一部の科目を除いて、卒業するまで先生と一対一での授業を受けていました。小学部の1年生と2年生、この2年間は担任の先生が、すごく熱心でした。クラスの生徒はたった3人だけでした。担任の先生が熱心に僕に点字のタイプライターで、点字を打って「それを読んでください」と言って渡してくれたり、あとはいろいろと先生のほうで工夫してくださったり。

　例えば算数の計算をするとかですね。あと、点字の勉強をするとか、実際の科目とは違う内容のことをクラスの中ではやっていましたね。小学部3年生からは、担任が変わり、僕はクラスとは別の教室で、

先生と一対一の形で、授業が始まるようになりました。授業自体は先生によりますけれど、面白くもないし、ある先生は授業時間中、僕に教科書を読ませておくだけ。先生は教室の中をうろうろ歩いているだけ。それからもう一つ、小学部3年生の時、国語の担任の先生が、僕に「読書感想文を書きなさい」と課題を出してこられたんです。確か『フランダースの犬』を読んで、その感想を書いたんだと思うんですけど、それを提出すると「感想文って何かわかりますか？」と聞かれ、どう答えていいかわからないまま、そのままうやむやになってしまって、結局、僕が書いた文章がダメだったのか、よくわからないまま終わってしまったんですね。こんなことがあったのが、ちょっとトラウマになってしまい、僕は書くことが大嫌いになりました。

　逆に、数学や英語の先生が、熱心に教科書から離れていろんなことをやってくれたりするので、面白いなあと思って、自分も授業にのめり込んでいったことがありますが、英語と数学の2科目だけでした。他の科目はまったく面白くもなかった。音楽なんかも一対一で発声の練習みたいな感じ。

　僕は盲学校時代に寄宿舎生活をしていたんですけど、寄宿舎では寄宿舎に入っている人たちが行事を企画するというのがあって、その時、横にいた寮母さんがね、マジックで紙に書いて渡してくれる。これが通訳なのかなと今では思いますが、その時は通訳って方法さえも考えたこともなかったし、集団の中に参加して、みんなと溶け込むということを、あまり考えていませんでした。

　一対一でなんとかやっていくものだと思っていました。なので、大学でどうやって授業を受けるのか、大学では一対一で授業をしてもらうことはできないと聞いていましたので、ただ漠然と福島さんが進学できたから、じゃあ僕も同じ盲ろうという立場で、受験をして勉学に励もうかなと思う程度だったんですね。

　とにかく、もう行くところがない、自分には進路がないと、あきら

めていましたから。

　福島さんのおかげで、大学という選択肢が出てきたわけです。大学に入るには、それなりに受験の勉強をしないといけないですが、浪人時代の予備校でも、通訳者同伴ということに、自分自身が戸惑っていましたね。予備校の教室の中での授業にはついていけていなかったと思います。帰ってから部屋で復習する、予習する、そして予備校に戻って授業に臨む感じでした。

大学での授業について

甲賀：私も初めの頃、桃山学院大学で通訳した記憶はあるんですけど、実際に大学１年生の頃、すべての授業に通訳者はちゃんとついていましたか？

門川：すべての授業に通訳者がついていました。通訳者は１人体制、90分の授業を１人体制、他の授業と続いている時は、その最初の授業が終わって、次の授業に移動する時に、通訳者が交代ということもありました。通訳体制をどのようにローテーションを組むのか、これをおもに武田さんが担ってくれていたと思います。

　いきなり予備校から大学の話になりますが、大学学内でも通訳者を育てるための活動が始まったんですね。障害者問題研究会というサークルの活動の一つとして、メンバーたちが指点字通訳、ブリスタ通訳について学んでくれました。そこで、授業の通訳に入ってもいいという人を、武田さんにコーディネートしてもらったと思います。

　そのうち僕が自分自身で指点字、ブリスタ通訳のできそうな人にお願いをして、通訳に入ってもらうことも出てきました。東京の「福島智君とともに歩む会」の活動報告を読ませていただいたんですけども、

この会のようにあまり積極的に通訳者を育てたり、通訳者同伴で日常生活とか授業に臨んだりしていなかったですね。それはなぜかというと、さっきの一対一の授業が関係していて、盲学校での一対一の授業に慣れてしまっていたということがどこかに引っかかっているんだと思うんですね。

あと盲学校から離れて、新しい世界での生活ということもあって、何もかもが珍しい、いろんなことに興味が引かれていましたので、せっかく組織していただいた支援する会の活動に、僕自身あまり注力できていなかった。これは僕自身の大きな反省点のひとつです。支援者のみなさんにいろいろとご迷惑もかけてきたと思っています。人生やり直しができるなら、もう1回真面目にやりたいところですが。

甲賀：大学進学後、いま門川さんが語られた支援してくれる人がいたのに、あまり自分自身が積極的ではなかったという門川さんですが、愼さんは周りにいらして支援していきながらどんな様子だったか、ちょっとお願いいたします。

門川さんを支える組織をどのように作っていったか

愼：確かに門川君は、積極的ではなかったですね。僕は、門川君の予備校とか大学での通訳は1回もやったことがないんですね。その代わりに交渉するとか、あるいは組織を作るとか、そういうことには少しはかかわるということで、支援しました。先ほど武田さんから予備校の話が出たんですが、私は、その都度その都度すごい細かい説明を聞いていたので、自分が経験したように勘違いするんですけど、予備校には私は1回も行ったことはないし、たぶん交渉にも行ったことはない

全国盲ろう者協会の夜明け前を語る(大阪編)

と思います。

　全部たぶん武田さんがやったのだと思います。桃山学院大学には行きました。桃山学院大学というのは非常に人権を重視する大学なので、こちらが要望した内容についてはほとんど受け入れてくれました。何を要望したかといえば覚えてないんですけれども、とにかく要望した内容は受け入れてくれました。

　私は、大したことをやっていないですけど。支援者がずいぶん力を尽くしてくれたと思います。特に桃山学院大学に行ってからは、実際には大阪市立大学(現　大阪公立大学)の学生であった、森田君という視覚障害のある人が支援に入ってくれて、後は、社会人の武田さんとか、その他何人かが行ってくれて、門川君を支えた。

　後は組織作りでいいますと、門川君を支援するためには、周りで何人か集めてもなかなか大変なので、新聞で募集しようということで話し合ったんです。それで人を集める、それから支援するためにお金も集めるとなると、何もしていないところが新聞で募集しても誰も来ませんので、私の大学院の時の指導教授だった柴田善守先生を代表にして、新聞で募集しようということにしました。

　実際に門川くんにも大阪市立大学に行ってもらって、柴田先生に会ってもらって、代表をお願いしたということがあります。その大阪の組織なんですけれども、組織名は東京と逆なんですね。東京は「福島智君とともに歩む会」ですが、大阪では「障害者の学習を支える会」というのを頭にもってきて、副題が「門川君とともに歩む会」にしました。この組織名を作る時にもものすごく議論があったんですけれども、門川君だけを支えるということではなくて、障害者で勉強したいという人がいたら全体的に支えるようなそういう組織に発展したらいいなという願いで「障害者の学習を支える会」という名前で、新聞で募集をしました。ですからいろんな人が集まって、門川君を支援したという状況がありました。

手と指の集いについて

甲賀：前半は、門川さんのことを中心に話しました。ここからは、この後たくさんの盲ろう者の方と出会っていく、その一つの大きな集まりが「手と指の集い」という大阪で行われた集まりかなと思うので、そのことと、「支える会」あるいは「友の会」のことなど、たくさんの盲ろうの方がどのように出会っていったのか、そうした積み重ねがおそらく全国盲ろう者協会の設立につながる大きな力になっていたんだろうと思うので、その話に移りたいと思います。

「福島智君とともに歩む会」会報の14号1986年8月に出ていますが、そこに、その年1986年の3月25日から26日にかけて、一泊二日で大阪の十三にある淀川会館に、宿泊できる人は宿泊して、参加者20名のうち、盲ろうの方6名、稲岡さん、榎本悠起枝さん、門川さん、川本恵子さん、福島さん、山渕和枝さん、この盲ろうの方6名と、通訳・介助者14名の20人で集まった。この集まりを誰がそう名づけたのかわかりませんが、その会報に「手と指の集いに参加して」というタイトルで福島さんが書いています。

武田：あまり覚えていないんですが、「手と指の集い」という名前は、私が勝手に名づけました。

甲賀：へぇ、武田さんが命名者なんですね。

武田：私もそれぞれの盲ろうの方とどういうお話をしたのかは覚えていないんですけれども、榎本さんのことは非常に印象に残っていて、榎本さんの言葉として、「握手をしたら、その人の性格がほぼわかります」って言われたんですね。で、そのことはすごく印象に残っていて、覚

えています。

　あとたぶん、稲岡さん、山渕さん、川本さんとは、この「手と指の集い」をきっかけに、少しずつおつき合いを始めていったような気がします。たぶん最初に稲岡さんをお訪ねする時は、甲賀さんに一緒に行っていただいたんじゃないかなと思います。山渕さんは『点字毎日』に文芸作品、俳句や川柳や短歌とか、そういうのを投稿されていて、そのことについて話をする手紙のやり取りをしたりしていたと思います。川本さんとは友の会ができる頃から、やっぱり文通をしていたような気がします。皆さん本当に甲賀さんがおられたから、知り合いになれたという感じですね。

必死だった指点字通訳

愼：一つ思い出したんですけど。その時のみんなでの話し合いの時、僕は、福島君の通訳をしていたのですけどね。指点字通訳をやるんですけども、まず必死なんですねえ。いかに100％伝えようかということで必死にやるんですね。そしたら周りの人がしゃべっているのはもちろん通訳するんですが、福島君がしゃべっている内容も、福島君に通訳するんですね。

　また福島君がそれを何も言わないで黙っていて、後でそのことに気づいて、「福島君のしゃべってることについては僕は通訳しなくて良かったんやなぁ」と言うと、「いやいや通訳してもらったら、正確かどうかがわかる」って言われて笑われたという、そういう失敗談があるほど、必死で通訳していた記憶があります。

武田：私もその時ではないですけれども、もっと経験を積んでからですけれども、通訳をしているご本人が話していることを、またその人に

指点字で伝えたりとか、そういう失敗は割とちょこちょこやっていました。もう本当に必死になっているので、ゆとりがなくって、いろいろ失敗しました。

甲賀：では、ここから田中さん、「支える会」あるいは「友の会」に、田中さんがどのようにかかわり始めていらしたのか、あるいは田中さんご自身の見えない聞こえないという状態になられてから、門川さんやみなさんと出会っていかれたいきさつのようなことをお話いただけますか。

田中：いままでのお話を聞いていて、弁論大会とか懐かしく思いました。1982年、『点字毎日』60周年記念の点字作文コンクールで福島智さんが最優秀賞を受賞されましたが、福島さんの声だけ聞いています。私はその時は盲難聴で、盲ろう者といっても、音声はまだ聞こえていた頃です。

　私はその後、専攻科で三療の免許を取って、治療院に勤めました。でもだんだん音声まで聞き取れなくなっていきました。その後1989年頃、『点字毎日』で福島さんの何かの話が出ていて、最後に福島さんの住所が掲載されていたので、文通を始めました。

　最初は福島さんのことをいろいろ聞いたりしてましたが、その後に東京で、「新しい盲ろう者の会設立準備会」というのがあり、それを見て、私も交流会に参加する方法があるか福島さんに聞いたところ、大阪の門川さんが関西でも作ろうとしてると聞いて、門川さんの住所を聞き、点字の手紙を出しました。そうしていると、門川さんから創刊号のニュースを送ってきて、そこに交流会のお知らせが書いてありました。

　1990年４月22日、日曜日の交流会の２次会というのをやっていました。それで治療院が終わった後にスポーツセンターの受付の近くで待っていた時に、武田さんは最初手書きで話していたが、手書きは私は

読めないので、指点字でいけるかと思ったらこれが全然読めない。門川さんと話をしてみても、指点字がやっぱり読めない。当時私の指点字を読む指が、左右違っていたので。

　あの当時は治療院に点字ができる人がいたので、指点字のことを話して、治療院の中でも指点字をやってくれました。やっぱり指点字は毎日やってくれる人がいないと、なかなか熟達しないです。指点字はね、野球の実況中継でやるのが一番良いですけどね。あれ同じ言葉が何回も出てくるから。もちろん全部じゃない。野球の実況中継はもともとアナウンサーのしゃべり方が早いからね。

門川さんが初めて知り合った地元の盲ろう者・西田しのぶさんのこと

門川：僕が大学4年生の時に社会福祉の現場実習のために、実習先の福祉センターに通っていました。何回か通っていると、そこの職員の方から、「自分の友人に目と耳に障害のある西田しのぶさんという女性がいます。その人は肢体障害もある」という話を伺ったことでした。「今度連れて来たいので会ってもらえますか？」と。その現場実習の時に、その西田さんが来てくれて、実習の場所で初めてお会いしました。コミュニケーションの方法は、手書き。お互い手書きをしながら挨拶をしました。

　それ以来、西田さんは大阪の盲ろう者の友の会発足まで重要な存在になりました。おもに武田さんが一番長くかかわっていらっしゃったかと思います。西田さんは、取材を受けて、本も出されています。あと、武田さんのほうで西田さんの文章を集めて、西田さんの遺志を受け継ぐという形でまとめていらっしゃいますので、こういう資料もあるということをお伝えしておきたいと思います。

武田：西田しのぶさんは、門川さんが大阪で初めて地元の盲ろう者と会った最初の人だと思います。

門川：そうですね。

武田：私は、門川さんと西田さんが、大阪府総合福祉センターという、門川さんの実習先ですけれども、そこでお二人が出会われて、西田さんが帰る頃に、私はたぶん仕事を終えていったんだと思うんですけれども、その福祉センターで出会って、西田さんが帰宅されるのに同行して、車椅子の西田さんは手書き文字で背中に書いても読める方でしたので、背中に書いたり手のひらに書いたりしながら話をしました。とても真面目で、前向きな方でした。

　当時肢体障害の方たちを中心にした、文芸サークルというのが、西田さんのお宅の近くで活動されていて、そこに参加されて、いろいろな作品を発表されていました。門川さんと一緒に西田さんのお宅を何回か訪問して、3人で話をしたり、西田さんが参加されていた文芸サークルの集まり、忘年会とかそういうんだったかなと思うんですけど、門川さんとも確か参加したことがありますし、田中さんとも参加したことがあります。その文芸サークルにかかわっている健常の方たちがその後西田さんの通訳・介助含めて友の会にいろいろとかかわってくれるようになりました。

　大阪で「盲ろう者の会関西準備会」が発足する時点で、西田さんが門川さんから代表を引き継ぐという形で、初代の代表になられたと思います。その後、本当に友の会を引っ張ってくれました。

門川さんが卒業した後、大阪盲ろう者友の会が発足

甲賀：一度も大学にも予備校にも行ったことがなかった愼さんは「手と指の集い」に参加した後、どんなふうに過ごされていたんでしょうか。

愼：僕は、実際には支援のための通訳活動というのは全然していないんですけど、組織作りで自分の力が使えるのではないかということで、運営会議などにはまあまあ参加したと思うんです。それで「障害者の学習を支える会」、副題が「門川君と共に歩む会」。これは門川くんの大学生活を支援する会なんですね。

1989年の3月に門川君が卒業しているので、この組織をどうするのかということになりました。つまり学習を支える会ではもう活動できなくなるんです。それで、会議を開く中で、いわゆる発展的解消をしようということで、盲ろう者の会に発展させようということで武田さんから提案がありました。

最初は「関西盲ろう者の会」の準備会ということで、関西でも盲ろう者の会を作ろうとしたんですね。それでずっと活動しました。毎月会報も出しましたね。ほとんど武田さんが原稿を書いてくださって、いろんな人の支援で（点字印刷のための）製版をしたり、サーモフォーム（触図や点字の原板に加熱したシートを置き、複製する装置）で発行しました。その時に関西でいいのかという話もあったんですね。つまり盲ろう者というのは、実態として知らないだけでいろんな市町村にいるはずなんですね。そしたら、盲ろう者の支援はやっぱり地元ですべきだろうということで、関西ではなくて大阪に限定したんですね。名称として大阪の盲ろう者の会にするけれども、どういう名称がいいのかということで会議で話し合いました。「大阪盲ろう者ふれあいの

会」とか、いろいろ出ました。多数決で決まったんですけれど、「大阪盲ろう者友の会」がいいというのが、多数を占めたので、1991年9月に発足しました。正式にいろんな盲ろう者を支援する、あるいは孤独な生活をしている盲ろう者が社会参加できるようなら、そのための支援をしようということで、会員を募集して支援しようということになりました。その中で僕がやったことは運営会議に出て通訳するぐらいで、後は日常的には何もやってなくて、武田さんを中心にして支援を広めたという状況でした。

甲賀：この辺りから福島さんを支える会とか、門川さんを支える会とかっていう言い方ではなくて、各地域の共に歩む会、あるいは友の会、そして、そこに全国盲ろう者協会という形になっていったのかなという気がします。

橋間：門川さんの卒業は1989年の3月でいいんですよね。でそこから学習を支える会から路線変更しようということになったんですけど、友の会発足が1991年9月、約2年半の準備会ということになると思うんですけど、準備会で交流会という形で始めたのは、いつぐらいからで、あと盲ろうの西田さんとかお名前出てましたけど、最初何人ぐらいから始まったとかその辺を思い出していただけますか。

田中：交流会が始まったのは、1990年の1月か2月だと思います。6人ぐらいの参加で、そのうちの2人が（普通文字での）拡大筆記の回し読みの通訳になったんです。まだその時通訳者少なかったんですよね。

橋間：門川さんは、そのあたりのことは記憶にありますか？

門川：僕は1989年に大学を卒業しましたが、この年の1月からアメリ

カ留学を始めていたので、準備会の方にほとんどかかわれていませんでした。関西盲ろう者の会設立準備会ですけれども、西田しのぶさんに代表をお願いして、西田さんが頑張って友の会設立にこぎつけてくれたわけです。ほとんど代表は西田さんに、事務局は武田さんにお任せしっぱなしでした。

　僕がアメリカから戻ってきたのが1994年の春だったかなと思うんですけど、その後、大阪盲ろう者友の会にちょっとずつかかわるようになっていったと思います。ですから、準備会の期間中は、僕の中では大阪での活動の空白状態になっています。

全国組織ができるまでのいきさつ

慎：実際に組織ができたのは1990年6月くらいだったと思うんですね。それで、何が言いたいかというと、実は1990年4月30日、日にちも覚えてるんですよ、たぶん月曜日だったと思うんですけどね。大阪から東京に行ったんですね、全国協会を作ろうということで会議があって行ったんですね、僕と武田さんと門川くん、3人で行ったような気がするんです。で、東京で決めたことはね、大阪と東京、それぞれ3人ずつ理事を出そうと。理事を出して全国協会を作ろうということで決まったんですね、それでそのときの名称は「日本盲ろう者協会」というのが提案されたんですけど、僕が「日本では困る」と言ったんですね、つまり、日本とすると、日本人だけの会というふうに思われるので、全国にしてほしいというふうに言ったんですよ。

　それが通って、全国盲ろう者協会にしようというふうになったんですね。で、「お互いに3人ずつ理事を出して6人でそれから詳しい事を決めましょう」と言って別れたんですね。で、突然6月くらいにね、東京で全国盲ろう者協会設立準備会が作られたんですよ。で、大阪にはま

ったくなんの相談もなく、これは事実なんですね。で、それ以降東京で全部仕切って全国協会が作られたという状況です。なので、全国協会を組織化するときに大阪はまったくかかわれていないんですね。

甲賀：その頃、橋間さんは最初から協会の職員だったんですか？　違うんですよね？

橋間：たぶん1990年の頃、私はあくまで福島智さんの一通訳で、まだ学生です。で、今愼さんがおっしゃったようなたぶん何かの行き違いとか分からないですけど、その辺のことは正直いうとまったくわかりません。

愼：ついでに言ってもいいですか？　その頃、福島君から武田さんにお詫びの手紙が届いて、要するに「大阪に相談しなかったという、大阪に相談するということすら抜け落ちていてすいません」という手紙があったということは、武田さんから聞きました。それ以外の中心メンバーは一切何も語らない。そういう点でいうと僕は未だに不信感をもっています。

甲賀：今、初めて聞く事実です。私は、福島さんが大学院に入学するころには、自分の学生生活や就職活動などに戻り、盲ろう者の支援からは、全く離れてしまったんです。1991年3月、全国盲ろう者協会が発足した当時、どのようないきさつがあって、どのように決まっていったのか、何も知りませんでした。でも、初期メンバーの一人として、協会発足という非常に重要なタイミングにかかわれなかったことをたいへん申し訳なく思います。

さいごに

門川：ちょっと一言言っておきたいことがあります。大阪では大阪盲ろう者友の会が発足して、大阪盲ろう者友の会も来年（2021年）で30周年を迎えること、皆さんもご承知の通りで、この大阪盲ろう者友の会ですけど、アメリカから戻ってきてしばらくして友の会の代表になりました。事務局長が慎さんです。僕と慎さんで大阪市の制度創設、いろいろ交渉活動をやっていました。

友の会の活動を続けていくうちにもういろんな出来事が重なってですね、結果的に大阪盲ろう者友の会から、特にろうベースの盲ろう者が抜けていって、僕がまだ代表の任期中だったんですけど、代表を4年ぐらいさせてもらっていたんですけど、終わりの方ぐらいにいろんなことがゴタゴタがありました。抜けた人たちは大阪盲ろう者友の会とはまた別に活動の場を作ろうということになって、「すまいる」という団体ができることになりました。

このこと自体とても残念に思っていまして、いろんな行き違いがあった、僕自身分裂した責任も強く感じていまして、これから二つの団体は一つにまとまればいいなと思っていますけれど、正直言いますと3年ぐらい前からメンタル面で調子が悪く、沈んでしまったり、上がって来たりの繰り返しで、いろんなストレスにやられてですね、「手と指の集い」のこととかすっかり記憶から抜けてしまっている。いろいろ重要なことが記憶から抜けてしまっている後遺症みたいなのが出ているかなと思っています。

この20年間「すまいる」の理事長をやってきましたけど、今回座談会をやることになったちょうどその同じ頃にですね、僕は一大決心して、きりもいいからここで理事長の立場を他の盲ろう者に譲る、譲

ろうと思っています。そう決めた時一番に思ったことは、盲ろう者の友の会を立ち上げるのに全力を尽くしてくださった武田さん、愼さんにぜひ直接お会いしてお詫びがしたいと思いました。座談会のことは関係なしにです。そんなことがあったということだけずっと言わせていただきたいと思いました。

　ついでなので、全国盲ろう者協会に対してですが、今どうなっているのかよく分からないですけど、日本版の「ヘレンケラー・ナショナルセンター」をぜひ実現させてほしい。

　今、一番求められている施設なんだと思うので、グループホームの設置されていない都道府県に暮らす盲ろうの人たちの受け入れの体制を作って欲しいと思っています。そのために僕にでもできることがあるのなら協力できたらいいかなと思っています。

田中：まず、さっき大阪が途中で全国協会の設立にかかわれなかったことについては、昔の『コミュニカ』や『協会だより』などに、塩谷治さんが文章を書いていたと思うのでそれを読んでいただくと良いと思います。大阪では8月の会報に、これ以上一緒にできないという連絡があったというのが出ていました。1990年の8月の会報にね。えーと、それでまあ大阪盲ろう者友の会30周年、今、私も実行委員長として準備をやっています。

　それと全国盲ろう者協会、いま盲ろう職員2人ですか。それも弱視難聴と弱視ろうというそんなところですね。盲ろう者の仕事といったら、だいたい生産活動というところに目をつけがち。でも私は点訳をやっている点字技能士という資格を持っています。そういう資格を持っている盲ろう者とかね、活用できるようになってほしいなと思っています。今年の秋から同行援護が通勤通学でも使えるようになっていますね。まず、協会からそういう同行援護を使って通勤ができるという盲ろうの職員を雇うことから考えてもいいんじゃないかなと思います。

武田：大阪盲ろう者友の会については、田中さんの今後の取り組みなどについていろいろ説明されたので、私はいまは直接かかわっていませんし、ほとんど言うことはないんですが、一つだけ盲ろう者が主体というところをしっかり守り抜いていってほしいなと思っています。いまは、またその状態に戻っているかなと会報を読んでいると思うんですが、一時、盲ろう以外の職員の方などのほうが強いんじゃないかなと心配した時期がありました。盲ろう者が主体、中心で会を動かしていくということを田中さんたち、盲ろうの人たちで頑張ってほしいなと思います。全国盲ろう者協会については、門川さんから生活する場を含めた訓練の場という話が出ましたが、それと同時に他の障害も重複する盲ろう者の支援に各地の盲ろう者の団体が全国的に取り組んでいけるようにリードしていただきたいなと思っています。

慎：門川君には以前にも言いましたが、大阪には盲ろう者の組織が二つある、これは事実なんですね。大阪府は何か助成金を出したいと思っても、なかなか出しにくい状況なわけですね、私は大阪の盲ろう者の組織が一つになってほしいと願っているんです。2019年の9月だったと思いますが、すまいるの20周年の記念大会があって、そこに来賓として呼ばれたので祝辞を述べた時にも言ったんですけれども、一つになってほしい。一つになったら行政はお金を出しやすくなる。門川君が願っているナショナルセンターのようなそういうセンターが大阪府、大阪府内にできる可能性があると思うわけです。今の状況ではまずできない。

甲賀：全国組織に対する要望、希望あるいは大阪友の会と「すまいる」の統合など、この座談会は全国組織ができるまでの歴史10年間を振り返るというためだったのですけど、今後に対する課題、今までの歴史を振り返ることで、皆さんで共有できたと思いますし、これからの

座談会 全国盲ろう者協会の夜明け前を語る(大阪編)

10年というもの、あるいはその先々までやっぱり盲ろう者の方の運動なり、活動なり、どうあるべきかということをいろいろと考えさせてもらえる時間となったのかなと思います。

　私から協会への希望としては、皆さんが言われた中で盲ろうの方の働く場所、生産活動だけではなくて点字技能士試験も盲ろうの方が受けられるようになりましたし、職域を広げていく、そういうこと。それから、生活の場、グループホームという一般的な言い方になるかもしれないですけれど、でも決してそういう形だけにとらわれないもの、これはやっぱり全国組織がリードしてほしいと思います。

橋間：本当に今日はですね、お忙しい中集まっていただきましてありがとうございました。過去があって今があるわけで、東京でもそうですし、大阪でもそうですが、そうした活動があったから今の全国盲ろう者協会があるんだろうなと思っています。さっき武田さんがおっしゃった当事者主体という形で協会もそれは間違いなく進めていくつもりでいます。今日は本当にありがとうございました。

この座談会では、東京と大阪で協会設立前後に尽力された方々の大変貴重なお話を伺うことができました。協会設立にあたっては、最終段階において東京と大阪の準備会が充分話し合うことができないまま、東京が中心となって全国組織を設立したため、当初大阪の準備会が提示していた役員の条件等は満たされてはいませんでした。その後、現在までには、関西方面の盲ろう者も役員になっています。
　当時、中心となって法人設立の手続きを進め、のちに当協会の事務局長となる塩谷治が、『コミュニカ』創刊号にこのいきさつを書いていますので、一部を紹介します。

「全国盲ろう者協会　設立準備会」の活動について
　　― 現在までの経過を中心に ―
　　　　　　　　　　　　　　　　　　　　　　　　塩谷　治

　1990（平成２）年６月17日付『点字毎日』に載った中木屋さんの記事は、遅ればせながら、盲ろう者の問題にかかわるようになった私たちにとって、大変ショッキングなものでした。この記事は、小島代表も触れていますように、かつて盲ろう者問題の旗手でもあった中木屋さんの、悲惨な現在の状態を報告したものです。
　　　　　　　　　　　　（中略）
　このように、大幅に立ち遅れている我が国の盲ろう者問題を打開するために、私たちは社会福祉法人の設立に踏み切りました。まだ、時期尚早ではないかという意見もあちこちから寄せられましたが、先人達の血のにじむような試行錯誤の跡を見るにつけ、ここで、機会を逃さずに、しっかりした永続的な基盤を作っておくことが必要だと考えたからです。
　今回の法人設立に至るまでの動きは、東京の「福島智君とともに歩む会」と、大阪の「障害者の学習を支える会（門川君とともに歩む会）」の活動から始まりました。この二つの会は、それぞれ、東京

都立大学の盲ろう学生福島智君と、桃山学院大学の同じく盲ろう学生門川紳一郎君の大学生活を支えるための会で、いずれも日本では初めての試みでした。この二つの会の活動によって、二人の学生生活はほぼ順調に進み、福島君は1987（昭和62）年に、門川君は1989（平成元）年に大学を卒業することができました。現在、福島君は大学院の博士課程で学究生活を続けており、門川君はアメリカの大学に留学中です。この二つの会は、それぞれ個人を支援する会であったため、比較的順調に歩みを続けることができたと言えるでしょう。

（中略）

　1988（昭和63）年12月、まず東京で、「福島智君とともに歩む会」「日本盲ろう者を育てる会」（日本で初めて本格的な盲ろう教育を始めた学者グループと教師、親の集まりで、現在は休会中。）のメンバーや、盲ろう者の家族、盲学校の先生などが集まって、「新しい盲ろう者の会設立準備会」を作りました。そして、次のようなことを決めました。

　1．月1回交流会を行いながら、どのような組織を創れば良いか模索していく。
　2．将来的には全国組織とし、法人化して財政基盤を固める。
　3．通訳者の養成と派遣、機関誌の発行、点字電話等機器の開発、教育方法の開発、施設の建設などを目標に活動する。

　このような動きを受けて、大阪でも「新しい盲ろう者の会関西準備会」が生まれました。両会の交流会には、盲ろう者の参加者が、月を追うごとに増えていきました。

　東京では、準備会結成と同時に、法人設立の可能性を求めて東京都や厚生省と折衝を始めました。都も国も、盲ろう者の会の必要性については大変理解を示し、話は意外にトントン拍子で進むことになりました。法人設立に必要な基金も、多数の企業が拠出してくれることになりました。このようにスムーズに話が進んだ背景には、長年にわたる両会の実績が認められたことに加えて、都や厚生省や

企業との橋渡しをして下さった様々の立場の方々に負う所が大きかったと言えるでしょう。どの人も、盲ろう者が抱えている問題に深い理解を示して下さいました。それが法人設立に至る大きな原動力だったと言えるかもしれません。

　いずれにしても、話の展開が意外に早かったため、残念な事が一つ残りました。それは、関西準備会の人達と充分話し合う時間が取れないまま、東京準備会だけが中心となって全国組織の旗揚げをしてしまったことです。関西準備会としては、法人設立に異論はないものの、役員には必ず盲ろう者を加えるよう定款に盛り込むこと、理事は関西・関東同数にすることなど、いくつか条件をつけたいということでした。条件の内容はいずれももっともな事でしたが、関係方面へ次々といろいろな書類を提出しなければならないという状況のもとで、そのたびに書類の中身を変える訳にはいかなかったことと、技術的にはすぐに解決できないことなども含まれていて、うやむやな話し合いのまま終わってしまっています。ただ一つ、会の名称については、当初諸外国の盲ろう者協会の名称に合わせて「日本盲ろう者協会」とする予定でしたが、関西準備会の意見に従って「全国盲ろう者協会」となりました。「日本」という名称では、在日外国人が排除されてしまうという配慮によるものです。いずれにしても、今まで兄弟のように協力し合ってやってきた両会が、このまま分裂してしまわぬよう、今後、話し合いを重ねていかなければなりません。

　ともかくも、いささか性急ではありましたが、このようにして「社会福祉法人全国盲ろう者協会」が設立されることになりました。法人になれば、早速いろいろな事業に取りかかることができます。

(中略)

　これらの事業が更に充実し、拡大していくよう、皆様の御協力を切にお願いいたします。

Part1では、当協会設立以前の取り組みとして、山梨県立盲学校での盲ろう児教育、中木屋スミヱさんの活動について、入手できた資料・記録を頼りに振り返りました。また、当協会設立のきっかけとなった東京の「福島智君とともに歩む会」、大阪の「障害者の学習を支える会（門川君とともに歩む会）」結成時のエピソード等について、当時の関係者に集まっていただき、座談会を通して振り返りました。

　Part2では、当協会設立後行ってきた各種事業等、30年のあゆみを振り返ります。

Part

2

設立後の
あゆみ

0 私たちの願い

　Part 2では、当協会設立時の趣意書や、『コミュニカ』の創刊当初の原稿にある「盲ろう者の言葉」を引用するとともに、初代理事長小島純郎、元事務局長塩谷治についての思い出を、福島智による回顧録として掲載し、設立当初の関係者の思いや志を記録にとどめることとしました。
　また、当協会が設立以来取り組んできた各種事業等について、30年のあゆみに触れていきます。

「社会福祉法人・全国盲ろう者協会」設立趣意書

全国盲ろう者協会設立準備会

　ヘレン・ケラーはあまりに有名ですが、他にも大勢いる盲ろう者は、逆に、あまりにも知られていません。どうしてでしょうか。
　盲ろう者は一人での外出が困難です。周囲に誰がいるか分からないので、自分の方から声をかけることができません。ついつい引きこもりがちになって、埋もれてしまうのです。
　盲ろう者が人間的な社会生活を営むことができるためには、気がついた人が、盲ろう者が世の中に入っていけるように手助けすることが必要になります。
　盲ろう者自身の中に、秀でた才能、優れたリーダーがでるのは、何よりも有効です。
　ヘレン・ケラーの活動で、アメリカの盲ろう者の生活はどれだけ向上したことでしょう。

　遅ればせながら日本にも、盲ろうの先駆者と呼ぶのにふさわしい人が現れてきました。

その一人、福島智君は、小学校三年生のときに失明、盲学校高等部二年生のときに失聴、その失意の醒めやらぬとき、すでにこんな言葉を語っています。
　「社会的に見て、ぼくら障害者が、生産性や行動力において、健常者より劣っているのは自明の事実です。ぼくは目が見えません。耳が聞こえません。しかしそれは、逆の意味で、うわべにとらわれることの多い社会の価値判断の基準に縛られにくいということも意味しているかもしれません。ぼくは、われわれ障害者が、"障害者でもできる"ではなく、"障害者だからこそできる"という存在であることを、自分自身に、また社会に問いかけ続けていきたいと思います」
　「ぼくの苦しみの中で、最も大きなものは、ぼくの心が片時も落ち着かなかったということです。現在、どん底のこの状態になって、やっとぼくの心には静寂が訪れたような気がします。ぼくのこの体験は貴重なものだと思います。ぼくが現在こうなったということは、何か大きな意味があるのではないかと思います。ぼくは、二重障害者となったといいましても、見る事も、聞くことも体験できたのですし、現在こういう状態になったことを将来に生かして、何かに役立てていきたいと思います」
　そして東京都立大学人文学部に入学、現在は同大学の大学院博士課程で教育学を専攻するかたわら、障害者問題とも正面から取り組み、未来に向かって大きく羽ばたこうとしています。
　この福島君に触発されて、関西の門川紳一郎君は、
　「五十八年三月に、ぼくとよく似た立場の青年が、一般大学に合格したという素晴らしいニュースがとびこんできました。……そのとき以来、自分のまわりは盲ろうであっても、進学の可能性はあると感じ、自分も広い世界に入っていこうという期待でいっぱいです」
　この門川君は、福島君より二年おくれて、桃山学院大学社会学部に入学、昨年三月卒業、渡米七回、やはり福島君に劣らないバイタリティの持主、何かやったるぞと意気軒昂の青年です。

　この二人の青年の大学生活を可能にしたのは、周囲の人の助力でした。

すなわち、それぞれを囲むグループが作られ、人々の発言や外界の状況を点字を直接指に打って伝える「指点字」による通訳者を養成し、年額二千円の協力会員を広く募って資金を確保し、ローテーションを組んで授業の通訳や生活の介助にあたって、二人を支えてきたわけです。この二つのグループのうち、「福島智君とともに歩む会」は今年で活動九年目、「門川君とともに歩む会」は活動六年目になりました。

さて、この二つの会は、それぞれ福島君個人、門川君個人の支援を目的として結成され、活動内容もこの目的に沿ったものであったのですが、この回のことを聞きつけて、次第に他の盲ろう者も例会や合宿に参加するようになると、これらの盲ろう者に対してもできる援助はする必要上、会の性格を少しずつ変えざるを得なくなってきました。さらに訪れる盲ろう者の数が増えると、それだけでは追い付かず、きちんと対応できる新しい組織の必要性が痛感されてきました。

それで、八十八年十二月に新組織結成のための準備会を発足させ、組織づくりについて研究したり、話し合いを行ってきました。

この準備会は、この話し合いの他に、種々相談を受けてその解決に努力したり、情報交換を行ったり、月に一回の交流会と年に数回の合宿で、盲ろう者のコミュニケーション手段である指点字、指文字（指の形で五十音を表すサイン文字）、手話の講習も行ってきました。

そろそろ機も熟してきましたし、今まで二つの「歩む会」およびこの準備会を母胎に、これらの会のこれまでの活動と経験を引き継いで、新組織を設立することに踏みきったわけです。

新設の会として、どんな活動をしていくか、あるいは、していきたいのか、列挙しますと、

一、盲ろう者に対する生活、就業、就学相談の実施

盲ろう者の自立、自活は大変な困難を伴います。例えば、田幸勇二氏は、ろう学校を卒業後、企業に勤めているうち目も悪くなって、退社を余儀なくされた方ですが、再起を計って、国立身体障害者リハビリテー

ションセンター内の職業リハビリテーション電算機コースへの入所を申しでたところ断られました。盲ろう者が更生援護施設や福祉作業所などへの入所を断られるのはこの事例にとどまりません。

　こういうとき、相談を受けて、事の解決を図る仕事です。

二、指点字、指文字、手話の講習会の開催

　盲ろう者は、中途盲ろう者、あるいは最初ろうであとで目も悪くなった、その反対に、最初盲であとで耳も悪くなったという方が大部分ですが、これらの盲ろう者にとって、まず、これらの対話手段を習得することが必要になります。

　これは同時に、通訳・介助者養成の場にもなります。

三、盲ろう者に対する通訳・介助者の派遣

　ろうの人に対しては手話通訳者や要約筆記者の派遣、盲の人に対しては手引き者の派遣が方々でだんだんと行われるようになりました。

　盲ろう者に対しても、要請に応じて、病院や役所、結婚式やPTAの会合や教養講座、あるいは買物などに同道し、通訳することが必要です。

四、全国の盲ろう者に対する情報交換誌の発行

　現在、日本の盲ろう者は、弱視ろう、盲難聴も含めて、約二万人といわれますが、大部分の方が自宅に閉じ込められ、世間から隔離されています。

　同障の仲間の消息を伝えて、孤独を破っていかなければなりません。

五、盲ろう者に関する調査研究

六、盲ろう者の学習や生活に有用な機器の開発

　欧米では盲ろう者用の電話機等、盲ろう者のための多様な機器が実用に供されています。電子機器、送信機メーカーなどの協力を得て、こうした生活・学習用機器の開発を進めていく必要があります。

七、盲ろう児・者に対する教育手法の研究

　生まれながらの、あるいはごく幼いときからの盲ろう児にとって言葉の習得は容易ではなく、学校を終えても言葉はあまり身についていないという方も少なくありません。これらの子供達は現在、盲学校や養護学校で学んでいますが、教育手段、カリキュラムが確立されていないため、試行錯誤での教育が行われています。適切な教育カリキュラムの研究が急がれます。

　私どもの目標は、一人でも多くの盲ろう者が自立できるように援助すること、自立の難しい盲ろう者も、働く喜び、仲間と語らう喜び、その他種々の喜びを味わうことができるように援助することです。

　福井県鯖江市の光道園は、盲重複障害者を主とする、障害者四百人の施設ですが、ここに生活する盲ろう者三十人は、生きいきと作業にいそしんでいます。
　ここの園訓、
　　「愛なき人生は暗黒であり、汗なき社会は堕落である」
は、私どもも踏襲していきたいと考えます。
　また、一昨年度のアメリカの盲ろう者の年次大会に私どもは九名参加しましたが、そのときのルイジアナろう協会会長の挨拶の言葉、
　　「一人一人、そして総てのろう者、および盲ろう者を、生産的な個人、個性的で自律的で独立的で社会に貢献できるメンバーになるように手配りすること、これこそアメリカの夢である。これこそ私どものゴールだ」
　これはアメリカの夢だけに終わらせず、私ども日本の夢としてもよいのではないでしょうか。

　私どもの新しい会も、盲ろう者主体の会として、盲ろう者自身が運営する会、盲ろう者が判断し、実行し、責任をとる会でならなければならないと思います。
　会の構成も、できるだけ早く、最高責任者をはじめ役員の大部分が盲

ろう者という形にもっていかなければならないと思います。

　盲ろう者の中にも人材はたくさん眠っています。積極的に活動できる環境を整えることができさえすれば、盲ろう者も、社会から受けるだけではなく、豊かに与え得る人間であることを、私どもは実証していきたいと考えます。

　私どもの夢が実現できますよう、どうか少しでも手を貸して下さいますことを心からお願い申し上げます。

一九九〇年八月

設立発起人（順不同）
代表　小島 純郎（福島智君とともに歩む会代表・千葉大学教授）
　　　今村 貞子（学校法人横浜訓盲学院副学院長）
　　　岩尾 一（（株）大正海上基礎研究所理事長）
　　　苅安 達男（財団法人長寿社会開発センター常務理事）
　　　川瀬 源太郎（日本生命保険相互会社代表取締役会長）
　　　河野 俊二（日本損害保険協会会長・東京海上火災（株）代表取締役社長）
　　　佐野 博敏（東京都立大学総長）
　　　椎名 武雄（日本IBM（株）代表取締役社長）
　　　塩谷 治（福島智君とともに歩む会事務局長・筑波大学附属盲学校教諭）
　　　杉野 義次（社会福祉法人光道園ライフトレーニングセンター所長）
　　　関澤 義（富士通（株）代表取締役社長）
　　　田中 健五（（株）文芸春秋代表取締役社長）
　　　中島 昭美（財団法人重複障害教育研究所理事長）
　　　長井 成之（（株）ナガイ・コーポレーション代表取締役）
　　　野村 茂樹（弁護士）
　　　端田 泰三（全国銀行協会会長・富士銀行（株）頭取）
　　　平松 守彦（大分県知事）
　　　福島 智（東京都立大学大学院生）
　　　本間 一夫（社会福祉法人日本点字図書館館長）
　　　吉田 亮（千葉大学学長）
　　　川島 偉良（社団法人日本青年会議所次期会頭）

盲ろう者の言葉

　当協会設立前、「福島智君とともに歩む会」で開催していた交流会や合宿では徐々に盲ろう者の参加が増え、当協会が設立した1991年の3月末には、盲ろう登録会員数は38人となっていました。

　設立に先駆けて発行した『コミュニカ』に盲ろう者の方々の声が掲載されています。今は故人となった方もいらっしゃいますが、一部紹介します。

◇◇

創刊号（1990年）より
福島 智

- 「盲ろう」って何だろう。目と耳の両方に障害のある人間。障害の程度やそれを受けた時期によって、さまざまなタイプが存在する。しかし、多かれ少なかれ盲ろう者は「異質な世界」に生きている。とりわけ、視覚と聴覚がほぼ完全に奪われている盲ろう者の場合、その「異質性」は大きい。
- 盲ろう者にとって、一番大切なものは、言葉を交わす「他者の手」である。そして、「隣のテーブルの男」の言葉を「通訳」する心配りである。他者の手と触れ合った瞬間、盲ろう者の内部世界は周囲の世界と交わる。「手」が離れれば「スイッチ」は切れる。その違いは明確であり、時に残酷でもある。
- 言葉を交わしたところで、光と音が与えられる訳ではない。だが、人と人が直接交す「言葉」は、光よりも、音よりも大きな意味を持っている。盲ろう者は人とのコミュニケーションを通して、「世界」そのものと関わるのである。

＊＊＊＊＊

川渕 秀子
（かわぶち ひでこ）

（成人後失明、中年で失聴した盲ろう者で、三児の母）

- 私には、家族があります。晴眼の主人と子供が3人います。私との会話は手書きです。点字はできません。子供達は学校が遠いので、私は毎朝5時に起きてお弁当を作ります。6時半にはそれぞれ学校へ出します。それから洗濯、掃除へと遅くても9時半までには朝のあわただしい行事が終わります。私は、約2年前に所沢の国立身体障害者リハビリテーションセンター更生施設で歩行訓練、生活訓練を6ヵ月受けて来ました。ですから、主婦業の炊事、洗濯、掃除は支障ありませんが、ただ耳も不自由だったので、訓練期間が終わっても自宅矯正訓練を受けました。でも、精神的不安定の時期でもあり、絶望から死を思った時期もありました。ナイフに手を触れたときもあります。絶望の中で人の暖かさを知りました。耳の聞こえなくなった私自身、何か一つ貫くものが欲しいと思い、詩を作り始めました。いまでは、詩は心の支えです。

＊＊＊＊＊

増田 一則
（ますだ かずのり）

（先天ろう、3歳で失明、日本で最初に盲ろう児教育を受けた一人）

- 僕は、外で働きたいと思っています。アメリカでは、マクドナルドさんのように、盲ろう者でも仕事をしています。スエーデンという国では、一人で歩けない人は、タクシーで通っていると聞きました。そして、そのお金と券は、国で払ってくれると聞きました。日本では、どうして働く所がないのですか？　誰か知っている人がいたら教えて下さい。お願いします。
- 僕は人と話をするのが好きです。僕は、友達に会いにでかけるのが、とてもとても難しくて、できませんです。電話で話ができませんです。そしたら、いろいろな人と家にいて、話ができます。

＊＊＊＊＊

千葉 かをる
(18歳で難病により失明、失聴)

- 目が見えなくても、風で分かるよ。春風や北風、いろんな風が吹くもの。目が見えなくても分かるよ。
- また一粒、目から涙が流れ落ちる。どんなに流しても、流しきれない涙。涙って不思議だね。いつになったら涙が終わるのかな。
- そんなの可哀想だよ。みんな取り上げてしまって生きていけなんていうの、可哀想だよ。たったひとつ生きる道も見つからないよ。
- 私が一番好きな季節、それは春。目が見えなく、何にも聞こえないけど、花の香りと、花のおしゃべりが聞こえそうだから。私は春が一番好き。
- 優しさが人を傷つけてしまうことがあるんだ。優しさ、それはいろいろな優しさがある。同情の優しさが一番人を傷つけてしまうよね。
- てのひらに文字を。そうしなければ私と話せないの。私も人の声を聞きたい。いろんな物の音が聞きたい。それができないの。てのひらに文字を書いてもらうしか。
- 大声で叫びたいよ。私の耳に聞こえるまで、大声で叫びたいよ。みんなと同じように、大きく聞こえるようになるまで、大きな声で叫び続けたいよ。かすかに聞こえるまででもいいから、ひとり自分の声のこだまする部屋で、大声で叫び続けたいよ。
- 心の氷が今溶け始めている自分が分かります。心の氷が溶ければ、心の春が来るかしら。優しい春の日ざしが心にさしこむかしら。今、心の氷が溶け始めているのが分かります。

＊＊＊＊＊

第5号(1992年)より

榎本悠起枝
(事故で失明、その後入院中に失聴。元は三味線の師匠)

- 今の私の生活は、いつも何かに挑戦していないと心が満たされず、恐ろしい孤独感におそわれるという面があります。次から次へと

……、人に、「この次はなあに？」と言われるくらい色々なものにチャレンジしたいんです。私の夢も旅行ですね。もうすでにやっていますが、どこかの駅で電車に乗せてもらって、また降りる駅で向こうの人に迎えに来てもらうという形で一人で旅行するんです。盲ろう者の私が全国を旅行し、そしていつかは全世界を旅行したいという大きな夢があります。

＊＊＊＊＊

第8号（1998年）より

稲岡幸恵（いなおかさちえ）

（長女出産後失明、20年後長女の死が引き金となって失聴）

- 暗黒と静寂。盲ろうの世界とは、なんとむなしい世界であろう。それからの私は世を呪い、人を呪い、生ける屍と我身を呪った。失明してから片時も座右を離れなかったトランジスタ・ラジオが手にさわると、「ええいっ、こんなもんいらんわ」と畳に投げつける。手にふれる物、足に当たる物、あたり構わず、投げつけ、蹴とばす。聞こえないとわかっていながら、「呼んでんのに、返事してくれへんのんか」と夫やさわこにあたり散らして泣きわめく……。まるで半狂乱———その当時の私を絵筆にするなら、地獄絵図さながらであったろう。

想像力と創造　～小島純郎と塩谷治という二人の偉人～

全国盲ろう者協会理事・東京大学教授
福島　智

　海面に降り注ぐ穏やかな秋の陽がここち良い。体が不規則に動く。小さな釣り船が凪いだ波に揺れていた。
　その日の午前、神奈川県馬堀海岸の沖合に、小さな手漕ぎの釣り船で漕ぎ出た。メンバーは小島純郎先生と私、それに友人・知人数名。障害のない人と障害者（視覚、聴覚、盲ろう）がほぼ同数だ。
　私が持つ竿にアタリがあった。少しずつリールを巻き取る。魚が海面に出た感触が手に伝わった。「シロギスだよ」と、隣の小島先生が竿を持つ私の指に、弾むような指点字で話し掛ける。
　今から37年前の1985年、私が都立大学3年生のころのことだった。この日はシロギスが大漁で、メンバーの一人のお宅を借りて、小島先生が率先して調理してくれた。刺身、フライ、てんぷら……。自分たちで釣った魚の味に酒もすすみ、座が盛り上がる。笑い声や指点字、手話が飛び交った。
　翌年は少し場所を変えて、堤防からの磯釣りをした。たまたま私がカサゴをつり上げ、それは小島先生が煮つけにしてくれる。また、千葉の遠浅の海では、砂地の海底にいるバカガイが私の足先に触れた。それがまさに「バカのように」たくさん拾えて、私と視覚障害の友人たちでしこたまとる。それも小島先生がむき身（アオヤギ）にしてくれる。なぜか、小島先生のことを考えると、海や魚をめぐる思い出が浮かぶ。そして、必ず料理してくださるのは先生だった。
　別のある時は、一人暮らしの私のアパートを小島先生が訪ねてくれた。なにかのことで、私は少し沈んでいた時期だった。
　「元気？」「まあまあです」と私が答えると、畳に座っていた私の膝の上に、ズシリと重いビニール袋をほうった。「小田急デパートの地下で、

マダイのいいのがあったので、1匹買って来ました。これから刺し身にします」

　私のアパートになど、ろくな包丁はないのだが、そんなことは小島先生には問題ではない。

　後年、小島先生の追悼文の中で、私の母が記している。「小島純郎先生の黒いカバンの中にはピカピカの包丁と特製の『おろしがね』が常にしのばせてありました。『どこでだって料理ができるんだよ』とおっしゃってました」(盲ろう者の専門誌『コミュニカ』30号　2005年)。

　私と小島先生との初めての出会いは、1981年春のことである。ふだんからこまめにメモをとっていた小島先生が回想する。

　「私が福島智君にはじめて会ったのは、それまで盲だけであった福島君が全ろうになり、その傷心からまだ完全に回復しない、盲学校高等部の新三年生になったばかりの昭和五六年四月二一日であった。(中略)午後三時二〇分から四時四〇分まで二人だけで面談した。どんな話をしたか、あらかた忘れてしまったが、福島君が非常に沈んだ調子であったこと、自分にはこれからどんな仕事ができるのだろうかと、くりかえし問われたことをよく覚えている」(『ゆびで聴く』　松籟社（しょうらいしゃ）　1988年)。

　私の記憶に印象的なのは、次のようなやりとりだ。「僕は、これからどうすればいいんでしょう……。いったい僕に何ができるんでしょうか？」

　私はこういう意味のことを何度も話し、それに対して小島先生が答える。

　「ゆっくり……一緒に考えていきましょう」

　先生は「ライトブレーラー型」の指点字で、しっかりと力強く、こう私に語りかけた。そして、別れる時に、私の手が痛くなるほどの強い握手をしてくれた。

　この出会いをきっかけに、同年11月、小島先生が代表となって私を支援するグループ「福島智君とともに歩む会」が結成される（同会の正式発足は、翌1982年6月）。そして、この「歩む会」の活動が後年、全国盲ろう者協会や各地の盲ろう者団体の発足へとつながっていく。

私は当時18歳で、東京・目白台の筑波大学附属盲学校高等部３年生。小島先生は52歳で、千葉大学文学部教授。

　先生は、ゲーテやヘルダーリンなどドイツの詩人を研究してきた文学者だ。盲ろう者についてはもちろん、障害者の「専門家」でさえなかった。

　ところが偶然、障害のある学生と出会い、視覚障害者や聴覚障害者との交流を深めていく。しかも理屈ではなく、行動で実践する。

　「五十の手習い」でありながら点字も手話も本格的に覚え、大学での講義や日常の付き合いで活用する。こういう人を、私はほかに知らない。

　あるとき、私は「どうして先生は、盲ろう者や障害者との交流に力を注がれるのですか」と尋ねたことがあった。

　「障害者は社会から弱い存在と見られています。でも、たとえば盲ろう者は、二つの重荷を背負って生きる一種の英雄だと思うのです。その重荷を少しでも一緒に持ちたい」

　なんの気負いもてらいもなく、先生は指点字でこう話した。

　またあるとき、先生は「僕は片目が見えなくてね、片方の耳もほとんど聞こえないんだけど、あなたの苦労と比べたら屁みたいなものだよ」と突然おっしゃったので驚いた。でも、片方だけだと不便も多いのでは、と私が尋ねると、不思議な答えが返ってきた。

　「いや、なんにも。たとえば、道の向こうから歩いてくる猫を見たら、雄か雌か分かるよ」

　ええ？　そんなこと分かるんですか？　再び驚く私に、先生はあっさりと言う。

　「だってね、人間でも顔を見たら、男女の違いが分かりますよね」

　また、いつのことだったか、私は人間関係で悩んでいた。私の気持ちや考えがきちんと周囲に理解されない。事実関係まで誤って伝わってしまう。そんな思いに駆られていた私に、先生が言った。

　「人間関係の八、九割は誤解です。でも、その誤解を解こうとしてはいけない。特に自分に対する誤解は」

　人は、自らの正しさのみを声高に主張しようとしてしまうものだ。このことばは、今も私の胸に響いている。

カック、カック、カック、廊下の向こうから聞きなれたサンダルの足音が聞こえてくる。「シオジイだ！」「今日はわりと早いね」。

　附属盲学校高等部1年の現代国語の教室。全盲の女子生徒たちが、小声でそう言い合って、笑っている。「フフフ、始めます、だ」。

　足音が部屋の前で止まり、引き戸を開けてすぐに、「始めます！」という塩谷　治先生の大きな声が響く。するとまた、女子たちが笑った。

　盲学校生徒、とりわけ全盲の生徒たちは耳がいい。教師のサンダルの足音で、それがだれなのかピタリとあてたりする。塩谷先生の足音もその一つだ。

　だから、教室に来るだいぶ前から塩谷先生がこちらに向かっていることは、生徒たちには分かる。それでも、ドアを開けた時に律儀に声をかける先生のふるまいが、私たちにはうれしいのだ。

　なぜだろうか？　いくつか理由は考えられるが、その一つは、塩谷先生以外に、ドアをあけた時に「始めます！」などとあいさつする教師が、他にだれもいなかったからだろう。

　通常は、黙ってドアを開け、教卓まで歩いてから、教師は声を出す。別にそれでも支障はない。生徒たちはその教科の担当教員が入室したことを、音で察知しているからだ。

　おそらくそのことは塩谷先生も知っている。それでも、ドアを開けた時、必ず声を出す。とりわけ全盲の生徒たちは、その先生のふるまいがうれしいのである。「見えない」ということを肌で分かっている人のふるまいだからだ。

　ところで、小学部４年から中学部３年まで、私は地方の盲学校で学んだ。そこでの小学部４年生の時の一つの記憶が今も鮮明に甦る。その日、ある教師が教室のドアをそっとあけて入室した。しかし、なにも声を出さない。

　私たち全盲の子どもたちは、わずかな音の気配で、おそらく教師が入ってきたのだろうということは感じていた。しかし、教師がなにも声を発しないので、なにかの準備でもしているのかと思っていた。とにかく授業は始まっていないのだ。だから、かってにおしゃべりをしていた。

すると、しばらくしてその教師が言った。

「いつになったらおまえらが静かになるかと思って黙って待っていたが、ちっとも静かにならんな」。

この発言を聞いた時に当時10歳の私が覚えた不快感を、どう表現すれば良いだろう。今の私から考えると、これは私たち全盲の児童の「人間としての尊厳」を弄ぶようなふるまいである。ここまでひどい教員はめったにいないけれど、たとえ盲学校と言えども、「目が見えない」ということを、理屈では理解していても、皮膚感覚で分かっていない人は多いのだ。その「皮膚感覚」が塩谷先生にはある。

最初、それを私は不思議に思っていたが、先生の奥様が全盲の女性だと知って、なるほどそうか、と納得した。それだけでなく、かつて全盲の学友をめぐって、壮絶な体験をしたということは、ずっと後年になって知った。

塩谷先生の「サンダルの音」や「始めます！」のあいさつの一件のころは、私はまだ耳が聞こえていた。なので、啄木(たくぼく)や犀星(さいせい)の詩を吟詠する際、いつもの声とは違った、張りのある高らかな声になることも知った。しかし、盲ろう者となり高等部3年生に進学した私の担任を、塩谷先生が引き受けてくれた時には、当然ながらまったく先生の声を聞くことはできなかった。

そして、小島先生との出会いのさらに2週間ほど前、1981年の4月の始め、私は塩谷先生の「指の声」を聞いた。学校復帰を目前に控えて、まだなれない「対面パーキンス型」の指点字で、私は塩谷先生と2時間ほど語りあう。

そのころの私の心中は不安でいっぱいだった。はたして高等部を卒業できるのだろうか。もともと大学進学を希望していたけれど、全盲ろう者になって、大学進学など可能なのか。また入学はできても、その後、大学での生活を送っていけるかどうか……。

こうした不安を塩谷先生にぶつけた。すると塩谷先生は、考案間もない指点字で次のように私に語った。

「先のことをいろいろ考えたって誰にも分からないよ。日本の盲ろう

者で大学に進学した人はこれまでいないそうだけれど、前例がないなら君が挑戦して前例になればいいじゃないか」

「君が大学進学を希望するなら応援するよ。うまくいかなければ、そのときまた、考えればいいさ。とにかく一歩動く。動きながら考える。それしかないよ」

そうか、まずは一歩踏み出す。動きながら考えればいい。そう思ったとき、私の気持ちはすっと楽になり、不思議に勇気がわいてきた。

それからの私は、塩谷先生の応援のおかげで、どうにか道を切り拓いてこれた。前述の「歩む会」を発足させ、事務局長として実務を一手に引き受けてくれたのも、塩谷先生だった。先生は形式や前例にこだわらない。常に現実的な判断と実行の人だが、同時に、思考や行動は柔軟だ。そして、いつも「弱い立場の人間」の側に立って考え、行動する。この基本姿勢は、小島先生とも共通している。

こんなこともあった。盲ろうの生徒として高等部3年生をすごした私は、クラスメイトや塩谷先生らとともに、伊豆大島に卒業旅行に出かけた。長い船の旅であり、船中で1泊する。

夜遅く、私たち一行が宿泊している大部屋の入り口に、若い男がフラフラとやってきた。かなり酔っているらしい。なにか意味の分からないことをブツブツ言っている。「なんですか？」とだれかが声をかけても、その場を去ろうとしない。生意気盛りで、関西人の私は友人に指点字で通訳してもらいながら、その男に文句を言った。

「なんやあんたは、なんの用や。用がないなら、早よどっか行け！」
「警備員を呼びますよ！」と引率の女性教員も横で言っている。

その時、塩谷先生がやってきた。「うん、まあいいよ。まあ、ぼくが付き合うよ。君らは寝ていて。ちょっと向こうで話さないか」と最後は男に話し掛けて、一緒にどこかに去っていった。

翌朝塩谷先生にその後のことを尋ねた。「うん、ただのおとなしい酔っぱらいだよ。あの後、甲板で一緒にウイスキーを飲みながら、世間話しただけだよ。どこかの島に行くらしいけれど、なんだか寂しかったみたいだ」

この話を聞いて、私はいきり立った自分が恥ずかしくなった。まずはとにかく語り合うことが先決だと肝に命じた。そして、今さらながらに、先生の懐の深さに感銘を受けた。

　塩谷先生は「創造」の人であり、「実行」の人である。先生は、盲ろう者を含む視覚障害者の教育と福祉の分野で、常に障害当事者とともにフロンティアを開拓してきた。その立場は時により、友人、ボランティア、教師、同僚、支援者、あるいは夫、とさまざまでありながら、基本姿勢は一貫している。

　こうした先生の原点は、学生時代に遡る。塩谷先生は早稲田大学の日本文学科で学んだのだが、そこで同じ学科にいた全盲の学生に出会う。

　彼は沖縄出身で、子どものころ戦時中の不発弾が暴発して失明した。まだ返還前の沖縄から苦労して早稲田大学に入ったのに、点字の教科書がない。

　そこで、塩谷先生は彼のために教科書を作ろうと、点字を学び、同時に点訳グループも結成する。学外に「点字あゆみの会」を発足させ、さらに、学内の「早稲田点字会」の発足にも貢献した。ところが全盲の彼は、４年生の夏、８月15日の終戦記念日に自殺してしまう……。

　塩谷先生は親しみやすく、現実的で行動力にあふれている。しかし、その一方で、まるで山奥の湖水のように、どこか「シン」と静まり返ったような澄明(ちょうめい)な領域を、その内面に持っているように私には感じられた。それはこうした体験とも関係があるのだろう。

　その後先生は全盲の靖子(のぶこ)さんと結婚し、附属盲学校の教師として30年間勤める。担任、副担任、国語科教員、進路指導、舎監教員など、さまざまな立場で先生が関わってきた視覚障害の生徒たちが、いったいどれほどの数になるかは分からない。

　そして、こうした単一の視覚障害者だけでなく、私の支援をきっかけに、その後数多くの盲ろう者も支えることになる。

　1991年の全国盲ろう者協会設立に向けても、盲学校の仕事の傍ら、先生は煩雑で膨大な実務処理をしてくれた。盲学校退職後の2004年からは盲ろう者協会事務局長として、今度は全国各地の盲ろう者福祉増進

のために、各自治体を奔走する。各地の盲ろう者団体発足や通訳・介助者派遣制度の開始のために、縁の下の力持ちとして尽力した。そのおかげで2009年度から、全国すべての都道府県で盲ろう者向け通訳・介助員派遣事業が実施されている。

　2012年春、塩谷先生は悪性のガンを宣告された。宣告を受けてからの先生の静かで毅然とした態度に、深い感銘を受けたのは私だけではないはずだ。
　ところで、塩谷先生が学生時代に自殺した全盲の学友は、真喜屋実蔵さんという。真喜屋さんの遺品の中に、点字の短歌集の原稿があった。塩谷先生は、若いころからその原稿をいつか、なんとかして世に出せないかと思っていた。ガンの宣告を受けた後、この思いがとても強くなり、その翌年（2013年）、苦労の末歌集『春想』の出版を実現する。
　「ふくいくたる春草に寝て我は聞く今あめつちのときめく声を」
　こう詠う真喜屋さんは、遺稿集の発刊を泉下でどれほど喜んでいることだろう。2014年、奇しくも「沖縄戦慰霊の日」の6月23日、塩谷先生は70歳で逝った。
　亡くなる2週間ほど前に、塩谷先生からのメールを受け取った。
　「毎日、窓から空を見上げながら寝ていて、『おーい雲よ』という、あの山村暮鳥の『雲』の詩のような、のんびりした気分で過ごしています」
　山村暮鳥の詩「雲」は、こんなふうだ。
　「おうい雲よ／ゆうゆうと／馬鹿にのんきそうじゃないか／どこまでゆくんだ／ずっと磐城平の方までゆくんか」
　創造と実行の人である塩谷先生は、同時に、心優しく、詩人でもあった。

　この塩谷先生の逝去のさらに10年前、2004年10月に、小島先生は亡くなった。数年前に発症し、徐々に進行したパーキンソン病が原因だった。74歳での逝去である。
　パーキンソン病は脳の神経伝達物質の一種が不足することで生じる難病だ。全身の筋肉が緊張し、震え、思うように動かなくなる。末期では

声がけへの反応にもたいへんな苦労と時間を要する。病状の進行に加え、投薬の影響もあり、幻覚や鬱症状などの合併症状も少なくない。

　2004年の5月末ころに、私が病室を訪れた際は、ゆっくりながら先生との会話ができた。

　「こんにちは先生」と私が声をかけると、少し間があって、「寝たきりになっちゃったよ」と先生は言った。とっさに返事につまった私は、1通の点字の手紙を取り出した。ほぼ生まれつきの盲ろう者である坂田広揮君（当時27歳）の手紙だ。小島先生は彼が小学2年生のころから知っている。

　ところで、広揮君が小学校高学年のころ、点字で手紙が書けるようになり、いろんな人に手紙を出しまくっていたことがある。

　そんな彼から点字の手紙をもらった小島先生は、「ぼくのここしばらくの人生で、一番うれしいできごとだったよ」と、当時しみじみ話していた。

　病院に小島先生を訪ねる少し前に、たまたま広揮君と会う機会があった。それで、小島先生への手紙を頼むと、彼はすぐにその場で、点字のタイプライターで次のような手紙を書いてくれた。シンプルな内容だが、これはおそらく私を含めて小島先生を知るすべての人、とりわけ盲ろう者の思いを凝縮したメッセージだと感じた。

　「小島純郎先生。先生は全国協会の理事長を退職しましたね。協会の理事長は何年間されましたか。どうして病気で入院されましたか。
　いつから入院ですか。
　だいじにしてください。入院。大事。
　どうして入院ですか。手術ですか。
　早くよくなってください。お願いします。
　僕は元気です。僕は施設で働いています。僕は盲ろう者の会に参加しています。
　じゃあ、元気を出して」（原文は点字）

　私がこの広揮君の手紙をベッドサイドでゆっくり朗読した後、その手

紙を差し出すと、先生は小刻みに震える左手でこの点字の手紙をぎゅっと握った。

「先生、今度『協会だより』の原稿を書くのですが、全国の盲ろうのみなさんや会員のみなさんに何かメッセージはございますか」と私が尋ねると、約１分の沈黙の後、静かに、ゆっくり語った。

「……とにかく、皆さん、おひとりおひとり、元気を、出して、生きていかれることを、祈る気持ちが、強いです。　……広揮君の、お言葉、とてもとても、嬉しかったです」

「また、盲ろう者協会の将来についてなど、なにか先生の夢のようなものはございますか」

ここで、１分以上の沈黙。やがて、「盲ろう者の、憩いの家、とも言えるような……」　ここで、また長い沈黙。

「盲ろう者の憩いの家とも言えるような、そうしたセンターのようなもの、ですか」と私。

「ええ。　……が、欲しいですねえ」と感情をこめた調子で言った。

その後、私と先生との間で次のようなやりとりが続く。
「憩うというところが大事なわけですね」
「はい」
「安心できる、楽しい場所」
「その通りだと思います」
「何年か前に『協会だより』の原稿の中で、『憩いの家』という表現を使って文章を書かれていましたよね」
「はい」
「あのときの先生の書かれた一部を再録して、そういう思いを持っておられます、とご紹介してもかまいませんか」
「はい」
「４年か５年前ですよね。あれは」
「そうですね。もう少し前かもしれませんね」……（『協会だより』14号　2004年）。

調べてみると、「４、５年前」という私の記憶よりも先生の記憶のほうが正しく、実際はもっと前、正確にはこの時点から８年前、1996年の『協会だより』６号の「ご挨拶」の中で次のように小島先生は記している。

　「10年後私どもはどうなっているか、その状況をふと思い浮かべる時があります。（中略）そして、風光明媚なとある海岸に、質素だが頑丈そうな建物がたっています。

　近づいてみると入口に、おや、今度は思わず両眼をこすりたくなりました、そこには墨痕淋漓（ぼっこんりんり）『盲ろう者憩いの家』と読めるのです。

　まぼろしではありません。構内には農作業や除草に励む盲ろう者の姿が見えます。磯にもやう小舟には『憩いの家』と記してあります。盲ろう者の数少ない楽しみの中でも楽しみの大きな釣、この舟で沖釣にも行けるのです。

　このセンターは盲ろう者が一生を過ごす施設ではありません。人生の途次疲労した盲ろう者がひととき疲れをいやす休息の場です」……。

　そして、盲ろう者のための職業訓練やことばの学習などの生涯教育プログラム、盲ろう者相談員の養成や研修などの取り組みがこの「憩いの家」というセンターではなされている……と先生の「夢」は続く（『協会だより』６号　1996年）。

　これは1996年の執筆であり、現在までにその時からすでに26年が経過した。この間、盲ろう者福祉をめぐる状況は、全般的には拡充の方向で進展してきている。しかし、小島先生が夢見た「盲ろう者憩いの家」のような、全国レベルでの「盲ろう者向けリハビリ・サービス・交流センター」のような施設は、まだ設立されていない。

　今から41年前、18歳で盲ろう者となり、小島先生、塩谷先生の熱意と薫陶（くんとう）を受けて生きてきた。その他にもさまざまな経緯から、盲ろう者福祉増進のためにもっとも重い責務を負うべきなのに、その私の非力さ、未熟さに、忸怩（じくじ）たる思いを抱いて久しい。

　本年（2022年）末、私は還暦を迎える。私の人生にどれほどの時間

が許されているか不明だが、この小島先生の夢、そして全国の多くの盲ろう者の願いの実現に向けて、微力を尽くしきりたい。

　かつて、心身共に極限のつらさの中にあってなお、「夢」を語り続けた小島先生の魂の願いにこたえるためにも奮起したい。あの日、病室を辞去する際に握手を交わした小島先生の、右手の震えと、その意外なほどの力強さを思いだしつつ、今心中にそう誓う。

（2022年1月）

　これまで見てきたように、多くの盲ろう者の声、そしてこれら盲ろう者を支えようとする多くの関係者の熱意が結集することで、当協会は各種事業を行うべくスタートしました。

　次からは、この30年にわたって取り組んできた活動について概観していきます。

1 派遣事業

通訳・介助員の派遣

◎盲ろう者向け通訳・介助員派遣事業

当協会発足と同時に「訪問相談員派遣事業」という名称で通訳・介助員の派遣がスタートしました。この事業は、現在各都道府県（政令指定都市・中核市含む。以下、同じ）で実施されている「盲ろう者向け通訳・介助員派遣事業」（以下、派遣事業）につながっています。

当時の社会福祉医療事業団（現独立行政法人福祉医療機構）の助成の下、全国レベルで当協会に登録した盲ろう者を対象に実施し、1991年度の派遣事業利用対象者は49名という記録が残っています。

そのような中で、まず、1996年4月に東京都が補助事業として、派遣事業を開始しています。また、2000年4月からは、厚生省（現厚生労働省）が「盲ろう者向け通訳・介助員派遣試行事業」を開始し、これを機に派遣事業実施自治体が徐々に増えてきました。さらに、2006年10月、障害者自立支援法に基づき、「盲ろう者向け通訳・介助員養成事業」及び「盲ろう者向け通訳・介助員派遣事業」が、都道府県地域生活支援事業として位置づけられました。

しかし、2008年3月時点で、47都道府県中、18道府県が未実施だったことから、2008年度で当協会実施の本事業は打ち切りとすることとし、派遣事業未実施道府県に対し、2009年度から実施してもらうよう、当協会職員が手分けをして要請に駆け回り、全都道府県で都道府県地域生活支援事業として「盲ろう者向け通訳・介助員派遣事業」が実施されることとなりました。さらに、2013年4月には、障害者総合支援法施行に伴い、「盲ろう者向け通訳・介助員派遣事業」及び「同養成事業」が、都道府県（政令指定都市・中核市含む）の地域生活支援事業の必須事業として位置づけられました。

一法人の事業としてスタートした派遣事業が、おおよそ四半世紀をかけて、全都道府県（政令指定都市・中核市含む）で実施されるまでに進展し、また、当初50名たらずだった派遣事業利用者も、2023年４月時点で約1,200名、それを支える通訳・介助員の数も約6,200名となりました。

◎盲ろう者向けの同行援護事業

　このように、派遣事業が全国で実施されるようになったわけですが、そのサービスの絶対量（派遣時間数）は、盲ろう者の自立と社会参加を支える上で、十分な水準とは言えませんでした（現在もそれは同様です）。さらに、全国の自治体間の格差も大きく、とりわけ、大都市圏以外の地域では、派遣事業のサービス量はかなり制限されていました。この問題の打開策がさまざまに検討されました。

　一方、2011年10月に障害者自立支援法が改正され、同行援護事業が視覚障害者向けに開始されました。そこで、前述の「派遣事業のサービス量の不足」を補うために、当時、この同行援護事業に盲ろう者も組み入れてはどうかという議論がありました。

　しかし、盲ろうという障害特性に応じた支援が必要だという考えの下、ようやく前述の派遣事業が実施されるようになったばかりの時期であったため、「派遣事業をこれから育てていき、さらにより良いものにしていくべきだ」、「同行援護事業に相乗りすることで、盲ろう者のニーズに則した支援という部分が抜け落ちてしまう、あるいは、薄れてしまうのではないか」という意見や、また、同行援護事業は利用者負担が生じることから、それを心配する声も多くありました。そのため、その時点では、時期尚早と判断し、同行援護事業に盲ろう者を組み入れることは、断念したという経緯があります。

　他方、2013年に地域生活支援事業の必須事業となった派遣事業ですが、利用時間数、謝金の地域間格差が大きいという問題が、今なお残っています。当協会では、ことあるごとに都道府県に対して、派遣事業の充実を要望してきたものの、地域生活支援事業は、裁量的経費（国や地

方自治体の判断によって縮減できる裁量性の高い性質のもの）という位置づけから、予算増を求めたとしても、そこには限界があることが分かってきました。

そのような中で、派遣事業における盲ろう者の利用時間を増やす方策として、地域生活支援事業の枠組みではなく、個別（自立支援）給付事業の枠組みで、同様の事業を展開できないだろうかという検討を開始しました。

個別給付事業は、義務的経費（支出が法令などで義務付けられ、任意に縮減できない性質のもの）であり、個々のニーズに応じた必要な派遣時間を確保することができるのではないかと考えたからです。

当協会では、理事の福島智を中心に、2013年9月に、「盲ろう者支援のグランドデザインに関する勉強会」を立ち上げ、具体的な検討を開始しました。

2014年6月には、福島をはじめとする盲ろう当事者、学識経験者、障害者団体関係者、厚生労働省及び地方自治体の行政関係者等をメンバーとする「盲ろう者のための支援策の充実に向けた検討会」を設置し、盲ろう者の意思疎通と移動の支援の問題を中心に総合的な検討を進めました。

また、2015年の「第24回全国盲ろう者大会」から3年にわたり、分科会での検討、厚生労働省の担当官を会場に招いた意見交換、全国盲ろう者団体連絡協議会と協力し各友の会に意見を求めるなどの取り組みも続けてきました。

さまざまな意見を踏まえつつ、前述の検討会では、個別給付事業化にあたって、次の三つの案を盛り込んだ報告書をまとめました。

①障害者総合支援法の改正により、盲ろう者向けの新たな個別給付事業を創設する。
②同行援護の事業内容を拡大し、盲ろう者向けに特化した新たな制度的枠組みを作る。
③重度訪問介護の対象及び事業内容を拡大し、盲ろう者向けに特化した新たな制度的枠組みを作る。

この報告書をベースに、厚生労働省との協議も本格化させ、個別給付事業における盲ろう者の支援の充実を働きかけていきました。

　前述のような流れを経て、最終的には、派遣事業と類似した内容である同行援護事業に、盲ろう者に必要な支援を行えるようにすること（報酬に盲ろう加算を新設すること）とし、2018年4月から、盲ろう者向けの同行援護事業が開始されることとなりました。

◎今後の取り組み

　当協会発足後30年を経て、派遣事業が全国で実施され、同行援護事業も盲ろう者が利用できる枠組みが整い、絶対量の少ない利用時間を増やす環境はできました。

　2017年より厚生労働省の委託事業の一つとして、同行援護事業の全国的な普及・定着を図るため、「盲ろう者向け通訳・介助員制度の施行準備事業」を進めてきました。しかし、全国の盲ろう者友の会等が自力で事業所を開設し、運営するというところまで辿りつくには、かなりのハードルがあり、2021年3月時点では、盲ろう者に特化した同行援護事業所は、全国で5カ所（東京・大阪・兵庫・広島・徳島）に留まっていました。

　そこで、2021年10月より、一般財団法人日本民間公益活動連携機構（JANPIA（ジャンピア））の助成を得て、「盲ろう者団体創業支援事業」を開始することとしました。友の会が同行援護事業所を立ち上げ、安定した運営ができるようになるまで、資金的・非資金的支援を提供する事業です。これにより、前述の5団体に加えて、2024年3月現在、札幌、千葉、静岡、香川、宮崎においても同行援護事業所が開設されました。

　当協会では、この盲ろう者向けの同行援護事業が、全国的に広がり、その恩恵をすべての盲ろう者が享受できるようにすること、その結果、よりいっそう、盲ろう者の社会参加が促進されるよう、実現に向けて、引き続き取り組む所存です。

派遣事業開始一覧

自治体	派遣事業開始年度
東京都	1996(平成8)年
大阪市	1996(平成8)年
秋田県	2000(平成12)年
石川県	2000(平成12)年
兵庫県	2000(平成12)年
福島県	2001(平成13)年
神奈川県	2001(平成13)年
大阪府	2001(平成13)年
福岡県	2001(平成13)年
岩手県	2002(平成14)年
山形県	2002(平成14)年
群馬県	2002(平成14)年
栃木県	2003(平成15)年
埼玉県	2003(平成15)年
岐阜県	2003(平成15)年
静岡県	2003(平成15)年
滋賀県	2003(平成15)年
香川県	2003(平成15)年
長崎県	2003(平成15)年
熊本県	2003(平成15)年
京都府	2004(平成16)年
山口県	2004(平成16)年
岡山県	2005(平成17)年
千葉県	2006(平成18)年
愛知県	2006(平成18)年
三重県	2006(平成18)年
広島県	2006(平成18)年
和歌山県	2007(平成19)年
高知県	2007(平成19)年
沖縄県	2007(平成19)年
新潟県	2008(平成20)年
島根県	2008(平成20)年
北海道	2009(平成21)年
青森県	2009(平成21)年
宮城県	2009(平成21)年
茨城県	2009(平成21)年
富山県	2009(平成21)年
福井県	2009(平成21)年
山梨県	2009(平成21)年
長野県	2009(平成21)年
奈良県	2009(平成21)年
鳥取県	2009(平成21)年
徳島県	2009(平成21)年
愛媛県	2009(平成21)年
佐賀県	2009(平成21)年
大分県	2009(平成21)年
宮崎県	2009(平成21)年
鹿児島県	2009(平成21)年

2 調査・研究

　当協会では設立以来、各種研究事業、調査事業も継続的に進めてきました。ここでは、主な活動をいくつか紹介します。

教育方法の開発

◎盲ろう児教育

　当協会設立当初から、「盲ろう教育手法開発委員会（「盲ろう教育問題専門委員会」という名称の時期もある）」が設置されています。当時、国立特殊教育総合研究所主任研究官だった中澤惠江（なかざわめぐえ）氏を中心に構成された委員会です。

　その当時、日本国内での盲ろう教育関連の文献が少なかったことから、外国における文献調査、またその翻訳に取り組みました。外国における文献を研究の突破口にしようという考えのもと取り組まれています。スウェーデンの盲ろう教育に関する文献の一部「私の手とお話してください―精神遅滞をもつ盲ろう児とのコミュニケーション―」が翻訳され、1991年の第1回全国盲ろう者大会で披露されました。

　1993年1月には、「盲ろう児教育ワークショップ」が、東京都障害者総合スポーツセンターで開催されています。全国から盲ろう児6名を含む36名が参加し、盲ろう児と一緒に寝食をともにしながら、ゲームをしたり、盲ろう児の教育問題について語り合いました。

　同年10月には、神奈川県横須賀市久里浜の国立特殊教育総合研究所研修棟で、「盲ろう児教育ワークショップ」、「盲ろう児教育研修会」が開催されています。ワークショップでは、就学前の盲ろう児6名とその家族および教育担当者を中心に、委員会の委員や総合研究所の関係者、ボランティアなど総勢約50人が集まり、情報交換等が行われ、また、このワークショップ中に、同じ研究所において盲ろう児教育研修会とし

て、「見えにくさ」「聞こえにくさ」についての二つの講演と盲ろう擬似体験が実施されました。

　さらには1994年7月、福岡、愛媛、徳島、奈良で盲ろう児・家族等の面接調査を行う等の取り組みや、同年12月には岐阜で、外部から講師を招き、「盲ろう児の早期教育と関係諸機関の連携に関する研修会」を開催しています。

　これらの取り組みと並行して、研究成果をまとめた『盲ろう教育研究紀要 1』を1993年3月に発行し、2002年7月には6を発行しています。

　前述のワークショップや研修会の内容など、いくつかの学校等での教育実践などが取り上げられ、各地の盲ろう者友の会をはじめ、盲学校・ろう学校・養護学校・言語障害児、難聴児学級設置校・特殊教育関係教員養成大学・都道府県（市）特殊教育課および障害福祉課等、各種関係機関に幅広く配布されました。

　このように、勢力的な取り組みが実施されてきていましたが、財政上の理由により、1996年度においては紀要の発行も難しい状況となっていました。

　この事情を知った匿名の方から「盲ろうのお子さんの幸せのために」という言葉を添えて、その後数年間の委員会活動を継続できるほどの手厚い援助をいただき、そのおかげで、1998年3月に紀要の4を、2000年3月には紀要の5を発行することができました。

　当協会では、設立当初から、「盲ろう教育」に特化した活動を続けていたわけですが、「全国盲ろう者協会は厚生省管轄であって、文部省管轄ではない」という理由により、財政上の裏付けもなくなり、その後は、有志の集まりとして細々とした活動となり、紀要6の発行が最後となりました。

　そのような背景があり、当協会での委員会活動を引き継ぐかたちで、2003年7月に、「全国盲ろう教育研究会」（中澤惠江会長）が設立されることとなりました。設立総会には、全国各地の教師、研究者、盲ろう児・者、家族等、関係者約100人が参加し、また、第1回研究協議会では、中澤会長の基調講演「盲ろう教育をめぐる現状と課題」及び研究討

議等が行われました。その後20年以上にわたり、研究紀要の発行、研究協議会の開催等の活動が続けられています。

　もう一点、ここに付記しておくべき事柄として、2011年8月に「日本盲ろう教育検討会」が、文部科学省に対して盲ろう教育の充実を図るよう求める要望書を提出しています。

　日本盲ろう教育検討会は、全国特別支援教育推進連盟理事長の三浦和氏（みうらひとし）、長くわが国の盲ろう教育をリードしてきた横浜訓盲学院長で当協会の評議員でもあった中澤惠江氏、盲ろうの子とその家族の会「ふうわ」会長の森貞子氏（もりさだこ）、同会員の田畑真由美氏（たばたまゆみ）、それに当協会常務理事・事務局長の塩谷治（いずれも当時）も加わって5人で構成されました。計21回の会合を重ね、同要望書を作成しました。

　要望書では、盲ろう特有の困難とニーズについて詳しく解説し、実態調査を至急実施すべきこと、誕生から高等部までに必要なさまざまな教育条件を整備すべきこと、教員研修の必要性、教師のための手引き書を作成すべきことなどを細かく網羅しており、わが国でこれだけ本格的な要望書が国に提出されたのは初めてのことでした。

　これまで見てきたように、当協会における教育分野での継続的な取り組みは、中断を余儀なくされた時期もありましたが、その後も、国際協力推進事業の一環として、「盲ろうインターナショナル（DbI）世界会議」等に、盲ろう当事者、研究者、職員等を派遣するなどして、情報の収集及び発信の取り組みは続けてきています。また、2017年には、約1年にわたり、当協会職員を、アメリカ・パーキンス盲学校の養成プログラム「ELPプログラム（Educational Leadership Program）」に派遣するなど、教育分野に関する取り組みも単発的ではありますが続けてきています。

　なお、2019年4月に、当協会の姉妹団体という位置づけで、特定非営利活動法人全国盲ろう児教育・支援協会を設立しました。これは、文部科学省管轄の法人として、文部科学省への働きかけを強めていこうという趣旨で設立した法人です。

　残念ながら、翌2020年度は、新型コロナウイルス感染症の流行のた

め活動ができませんでしたが、2021年度には、文部科学省からの委託事業として、「令和３年度特別支援教育に関する実践研究充実事業」において、「学齢盲ろう児の学習と教育の内容と方法が卒後の盲ろう児の生活に与える影響に関する研究」に取り組みました。具体的には学校を卒業した盲ろう者やその保護者、教員などに対するアンケート調査及びインタビュー調査を実施し、盲ろう児が学校等で受けた教育が、卒後の生活にどのように影響しているのかを分析しました。調査結果及びその考察・提言として成果報告書をまとめています。

　また、当協会評議員の岡本明が中心となり、アメリカのパーキンス盲学校から出版されている『Remarkable Conversations』を翻訳した『盲ろう児コミュニケーション教育・支援ガイド　豊かな「会話」の力を育むために』が、2021年12月に出版されました。

　2019年９月から2021年３月にかけて、文部科学省は、特別支援教育の在り方を考えるにあたって、既存の教育体制について検討する「中央教育審議会」とは別の組織として、「新しい時代の特別支援教育の在り方に関する有識者会議」を設置しました。本会議の有識者として、当協会理事長の真砂靖が、弁護士という立場で就任しました。「盲ろうは独自の障害であり、それゆえに独自の教育手法が必要であること」などを強調しています。

　本書Part1で紹介した「山梨県立盲唖学校での教育の取り組み」でも触れていますが、日本における学校教育において「盲ろう児教育」を一つの柱として位置づけられるよう、今後関係団体と協力して、国への提言、働きかけを継続していきます。

機器開発

◎点字電話、機器開発

　当協会設立時から、専門家による「機器開発委員会」が設置されました。特に、遠隔地での盲ろう者の通信手段を確保する目的で、「点字電話」の開発に注力しました。

　『コミュニカ』創刊号（1990年10月）では、「日常生活に必要な機器の開発について、専門家の研究チームを発足させます。特に点字電話の開発に力を入れていく予定です」と記されています。

　本委員会では、まず、当時のポケットベルなど、盲ろう者の日常生活に利用できそうな既存の機器20数点を集め、実際に盲ろう者に使ってもらい、改良点などを研究しています。

　そして、「点字電話試作機」が1992年度末には完成し、1994年度末にはその後の改良も含めて完成しました。

　この「点字電話」のシステムは、ノートパソコンと点字ディスプレイ（ブレイルノート）を組み合わせたもので、当協会と株式会社アメディアの協力により開発されたものです。電話回線を通して、「点字電話」に向かって話し手が点字を打つと、相手方に点字で伝わり、話ができるものです。また、相手から電話がかかってきたとき、盲ろう者にも分かるよう、ベルのかわりにバイブレーターが振動するようになっていました。留守番電話機能もつき、少なくともシステムの構成としては、かなり実用的なものになっていました。

　4年の歳月をかけ、システムは完成し、当協会では、普及を図っていく予定でした。全国盲ろう者大会でも、試作機のデモンストレーションが行われています。

　また、1996年の第6回全国盲ろう者大会において、「盲ろう者の通信手段となり、情報の摂取、社会参加を飛躍的に拡大するために、利用しやすい『盲ろう者用点字電話機』の開発・普及・電話料の軽減措置を図るとともに、この電話機の購入に際しては日常生活用具の適用を実施し

て頂きたい」という決議がなされています。

　盲ろう者が通訳・介助員の手を借りずに一人で電話がかけられることは大変有意義で画期的なことでもあり、盲ろう者の期待の大きさが伺えます。

　しかしながら、この「点字電話機」は実用化や普及はされずに終わってしまいました。理由は、当時インターネットが急速に普及してきたこと、当時のパソコン（MS－DOS）と点字ディスプレイを接続して、メールの送受信ができるようになったことで、この方式を使うほうが点字電話システムよりも、コスト面や使い勝手、普及のしやすさなどで、より現実的だということがわかってきたからです。

　その後も、当協会では、盲ろう者を対象とする、各種の機器開発の企画や試作器の話が持ち込まれた際には、ユーザー・モニターというかたちで、全面的に協力する活動を展開しています。

　コミュニケーションツールとしての指点字をベースとした機器、携帯電話・スマートフォンを用いた体表点字による通信機器、触知時計、さらには、盲ろう者が使いやすいスクリーンリーダーの開発等にも取り組んできました。しかしながら、ほとんど実用化には至りませんでした。理由としては、盲ろう者の障害程度がさまざまであること、また盲ろう者のニーズにかなうものであっても、当事者数の少なさから商業ベースに乗らないという判断で、実用化に至らないケースもありました。

　一方で、当協会が開発に協力し、盲ろう者の多様な障害程度やニーズ等をしっかり聞き取りして、モニターテストも経た上で盲ろう者にも使いやすいタイマーが、ユニバーサルタイマーとして、実際に製品化された取り組みもありました。

　技術の進歩とともに、それを盲ろう者がいかに活用できるか、これらについては今後も続く課題だと認識しています。特に、災害時等を想定した際の情報伝達ツール等は、今後積極的に取り組む課題だと考えています。

盲ろう者に関する実態調査

◎盲ろう者実態調査

　当協会設立時から、「盲ろう児・者実態調査委員会」が設置されました。『コミュニカ』第3号（1991年9月）に、「日本には何人くらいの盲ろう児・者がいるのか、どこでどのような生活を送っているのか、その実態はほとんどつかめていません。今後の当協会の活動を実効あるものにするために、この程、実態調査委員会が発足しました」と記されています。まずは、当時の厚生省など関係機関と連絡を取りながら、準備が始められました。

　その後、初の調査として、盲ろう者福祉施策を策定する際の基礎データとするため、社会福祉・医療事業団の助成を受けて、1995年10月に「盲ろう者実態調査」を実施しました。1995年6月時点で、当協会が把握している盲ろう者数は310人でしたが、そのうち単独では移動とコミュニケーションが困難な重度盲ろう者150人を対象に実施されました。調査の実施協力者として訪問相談員（通訳・介助員）を中心に、家族や友の会に依頼し、10月末までに127人から回答が得られました。調査内容は、性別・年齢・家族構成・障害の状況・コミュニケーション方法の状況等基礎的な質問の他、食事や外出の状況、学歴・仕事の有無、訪問相談員派遣制度への意見や感想等、多岐にわたりました。150人のうち、一人で生活している盲ろう者は14％、配偶者または家族と同居は76％でした。また、仕事を持っている人は66名、そのうち収入を得ている人は42％でした。調査数が少ないものの、それまでに盲ろう者の生活状況などを調査する取り組みは皆無であり、その後の当協会事業並びに通訳・介助員派遣事業の必要性などを訴えていく貴重な資料となりました。

　この調査から9年後、2004年度から2005年度にかけて、独立行政法人福祉医療機構の助成を受け、盲ろう者実態調査が実施されています。

　2004年度は、都道府県・指定都市を対象に、盲ろう者数と性別、年齢構成、施設入所の有無、「盲ろう者向け通訳・介助員派遣試行事業」

の有無、「盲ろう者通訳・ガイドヘルパー養成・研修事業」の有無、及びそれぞれの事業の内容等についてのアンケート調査を行いました。各都道府県に対して盲ろう者の把握状況を初めて調査しましたが、この結果、身体障害者手帳の交付状況によって行政側が把握している盲ろう者数は、全国で9,980人にのぼることが明らかとなりました。

2005年度には盲ろう者の生活実態調査が行われ、789人の盲ろう者のうち、協力を申し出た338人へ調査票を送り、うち312人から回答を得ました。90％以上の人が自宅で生活していること、仕事による収入のある人は21％に過ぎないこと、50％が住民税非課税であることなど、盲ろう者の生活実態全般にわたって、様々なことが明らかになりました。このほかにも、盲ろう者向けリハビリテーションセンターの必要性などの課題や、当協会が長年取り組んできた通訳・介助員の派遣事業が、盲ろう者の日常生活に大きな影響を与えていることなども分かりました。

そして、2012年度には、厚生労働省の補助事業（障害者総合福祉推進事業）として、当協会が「盲ろう者に関する実態調査」事業を実施しました。本調査では、全国の盲ろう者数の実態把握、盲ろう者の生活状況やニーズ、地域における支援の状況などの基礎資料を得ることにより、盲ろう者の福祉の改善のために必要なソーシャルサポートのあり方を検討することを目的として調査を行いました。すべての都道府県、指定都市、中核市を対象として、身体障害者手帳が交付されている者の中から、視覚と聴覚の両方に障害をもつ者（盲ろう者）を抽出し、人数、性別、年齢、障害程度などを調査しました。108の都道府県市のうち、106の自治体から回答が得られ、全国の盲ろう者数は約１万４千人という結果を得ました。さらに、前述の盲ろう者を対象として、その生活実態や社会資源の利用状況、生活上のニーズなどの郵送調査を行ったところ、およそ2,900人からの回答を得ました。その他、地域の盲ろう者団体の活動状況や、提供している支援などについても調査を実施し、これまでにない包括的で貴重なデータを得ることができました。全国規模の調査としては、本調査が最新のものとなっています。

なお、前述の盲ろう者数１万４千人に対して、盲ろう者向け通訳・介

助員派遣事業利用者数はおよそ1,200人と、その1割にも満たない現状にあります。これまでにも、いくつかの自治体において盲ろう者に関する実態調査は行われていますが、個人情報の取り扱いが厳しくなった昨今では、行政の理解と協力なしには、盲ろう者の実態把握は実施できません。今後も、当協会並びに各都道府県の盲ろう者友の会等地域団体と協力して、盲ろう者が受けられる福祉サービスにつながっていない盲ろう者を把握することが、大変大きな課題となります。

◎派遣・養成事業実態調査

　盲ろう者向け通訳・介助員養成事業の沿革につきましては、前述の「1　派遣事業」、後述の「4　人材育成」に譲りますが、2006年10月、障害者自立支援法に基づき、「盲ろう者向け通訳・介助員養成事業」及び「盲ろう者向け通訳・介助員派遣事業」が、都道府県地域生活支援事業として位置づけられました。

　これを機に、当協会では2007年度から、各都道府県・指定都市・中核市より派遣事業を受託している団体にお願いして、派遣事業の実態調査を行うこととしました。

　2008年度からは、これに加えて、盲ろう者向け通訳・介助員養成事業についても調査を実施しています。それ以来、全国での派遣・養成事業が、どのような規模で実施されているかを把握するとともに、全国の状況を共有すべく、全国の盲ろう者友の会等地域団体、派遣事業、養成事業受託団体、各都道府県・指定都市・中核市に対して、調査報告書を送付しています。また、報告書のデータ版も、当協会ホームページに随時アップロードしています。

　全国の盲ろう者友の会等地域団体が、地元での派遣事業、養成事業のさらなる充実を目指して、行政機関と交渉する際の基礎資料となるよう、今後もこの調査を継続していきます。

Part 2

3 盲ろう者の集い

全国盲ろう者大会

◎年に一度の大イベント

　全国盲ろう者大会は、当協会が設立された1991年の8月に第1回が開催されて以来、原則として毎年、夏に開催してきた大きな事業の一つです。1991年から2019年にかけて28回を数えました。（2011年は東日本大震災のため、2020年〜2023年は新型コロナウイルス感染症の拡大に伴いいずれも中止としました。）

　第1回の大会は、栃木県宇都宮市で開催されました。「出会いはてのひらから　ふれあいは　指先から　そして　友情は　語らいから…」をキャッチフレーズに、盲ろう者44名、通訳・介助員等支援者も含めると170名が参加しました。

　本大会を始めた当初は、大会企画・運営など、まさに手探りの状態でした。一方で、同じ障害を持つ仲間の存在も知らずにいた多くの盲ろう者が、一堂に集うことで、参加者の熱気やエネルギーも感じられました。

　当時の理事長小島純郎は、次のように記しています。

　2年前、盲ろう者の新しい組織をつくろうという気運が関係者の間で次第に高まってきて、だが具体的な行動にはまだ踏みだせないでいたころ、誰がこんなに早い時期に、全国から44人もの盲ろう者が集う大会が開けると予想したでしょうか。

　しかし、とにかく開くことができました、準備不足と手不足が重なって、いろいろ不備は残しながらも。

　ここまでくるのには、協会の設立や法人化に向けて思いがけず動いてくれた方の大きな尽力があります。時の流れが味方してくれたこともあ

ります。
　だが、この大会の開催そのものについては、私どもが無理やりやり遂げたといってよいと思います。
　塩谷、福島、三科(みしな)、榎本(えのもと)の諸氏の名前は記させて下さい、皆を引っぱり、一番エネルギーを費やした人として。しかし、この人たちのほかにも黙々と励んでくれた人が大勢います。直接手助けはできないがという言葉を添えて寄せられた寄付や、地元の協力もありがたいものでした。しかし結局は、大会のしおりの最後に記した言葉、
　"そして、参加して下さった皆さん、一人一人がこの大会の功労者です。ありがとうございました"
　が、実行委員たちの気持を一番代弁しているのではないでしょうか。
　大会後、ある盲ろうの若い女性は手紙で、
　"皆の心が一つになって、何かに向って進もうと動いているようでした。目に見えるようなものではなかったけれど、私には烈しく燃えていると感ぜられました"
　と書いてこられました。烈しく燃えているもの、これは、大会宣言の一節、
　"私たちには、苦しみを分かちあい、喜びを共にする仲間ができたのです"
　の思いに通じるものでしょう。

　　　　　　　　　　　　　『コミュニカ』第4号（1992年3月）より

　第1回の大会では「大会宣言」を採択しています。これまで日の当たることのなかった盲ろう者が置かれていた現実から立ち上がり、前を向いて進んで行こうという力強さを感じます。以下に「大会宣言」を記載します。

大会宣言

1991年8月23日
第1回全国盲ろう者大会
実行委員会

　私達は視覚と聴覚に障害をあわせ持つ盲ろう者です。私達は運命によって、光を奪われました。さらに、音をも失いました。そして何よりも、人生への明るい希望を見失ったのです。私達は、孤独に耐えながら、ひっそりと生きてきました。

　しかし、今、私達は新たな一歩を踏み出しました。私達には、苦しみを分かち合い、喜びを共にする仲間ができたのです。盲ろう者は孤独の壁を破って、広い世界に出ていかなければなりません。私達が希望を持つとき、何かが見えてくるでしょう。私達が夢を抱いたとき、何かが聞こえてくるはずです。そして、私達が歩き始めたとき、そこには力強く暖かい友の手が待っているに違いありません。

　私達の力はあまりにも弱く、私達の声はあまりにも小さかったのです。力をあわせて、社会に立ち向かって行きましょう。仲間の輪を広げ、私達の願いを訴えていきましょう。

私達の四つの願い

　私達盲ろう者は、次の四つの願いがかなえられることを、社会に向かって強く訴えます。

1　コミュニケーションと情報摂取の自由が保障され、誰とでも言葉を交わすことができ、様々な情報を自由に知ることができるようになること。

1　移動の自由が保障され、外出が自由にできるようになること。

1　教育を受ける機会、訓練を受ける場が提供され、十分な指導やサービスが受けられること。

> 1 社会の中で他者と共に生きていく場、とりわけ、働く場が与えられること。
>
> 　さあ、皆さん！　心を開いて語り合いましょう。苦しみを生きる糧に。挫折を生きる勇気に変えて。たとえ、歩みは緩やかでも、たとえ、仲間の輪はまだ小さくとも、私達は今踏み出した一歩を大切にします。
> 　「第一回全国盲ろう者大会」を我が国盲ろう者の新たな歴史の幕開けと確信し、ここに私達の思いを宣言します。

　この大会は、第１回開催から実行委員会方式を取り、そこで企画・運営を担ってきました。当初は、榎本悠起枝さん（全盲ろう、元三味線の師匠）が精力的に学生ボランティアを巻き込みながら、特に大会期間中に組まれるツアーの企画などに、下見を繰り返す等、盲ろう者が本当の意味で楽しめる場所、企画づくりに奔走しました。
　この大会では、盲ろう者にとって、１年に１度の仲間との出会い・再会を楽しむと同時に、全国各地を旅する楽しみという両方の側面があると言ってよいでしょう。「盆と正月が一緒に来たようなイベント」とも称されました。
　日々の生活において、他者とのコミュニケーション、外出に困難が多い盲ろう者にとって、年に一度の仲間との再会は、何事にも代えられない、生きていく上での「希望」と表しても過言ではないと思います。

◎情報交換の場

　大会を重ねていく中で、盲ろう者に関わるさまざまなテーマを取り上げ、全国各地の皆さんと意見・情報交換を行ってきたことも大変有意義なことの一つです。
　通訳・介助員の派遣・養成事業の充実、就労問題、日々の生活の中で

出てくるさまざまな問題等々、ある年からは「生の声を聞く」という分科会を設けて、意見交換を行っています。その中で寄せられた声を集約し、国に対して陳情に出向くなどのことも行っています。近年では、同行援護事業も盲ろう者が使えるようにするための制度改正に向けて、厚生労働省から担当官を招き、制度の開設をしてもらうとともに、意見交換を行う等の取り組みを経て、2018年4月より、同行援護事業に「盲ろう加算」という新たな仕組みが取り入れられたという経緯もあります。

また、視覚及び聴覚障害関連企業・団体に出展をお願いし、機器展示コーナーも当初から併設してきました。ここでは、日常生活の上で、さまざまな不便を解消する道具や機器を紹介し、実際に手に触れたり、試したりすることができます。

さらに、全国各地で開催していることから、各地域の名所・名物に触れてもらう社会見学（ツアー）など、日ごろでは体験できないような数多くの企画を提供していました。

そのほかに、大会は社会に対しての情報発信という側面もあります。全国各地で開催してきたことによって、全国ネットや全国版だけでなく地方局や地方版も含めて、テレビ・新聞等のマスメディアでも取り上げられたため、日本にもヘレン・ケラーと同じような障害を持つ人たちがいるのだと広く社会に発信することは、大会の開催意義として忘れてはならないことです。特に地元メディアによる発信は、開催地の友の会に影響を及ぼし、多くの場合その後の友の会の活動が活発化していきました。

◎今後の課題

大変喜ばしいことに、これまでに28回の開催を数え、回を重ねるごとに参加者が増え続けました。現在では盲ろう者がおおよそ250名、参加者総数は1000名を越えるほどの大規模な大会となっています。

今後の課題としては、次のようなことが挙げられます。

一つ目は、参加者数の増大による会場選定の難しさです。それに伴い会場借り上げ・設営のコストも増大しています。

　二つ目は、この大会は、盲ろう者も通訳・介助員も「皆で盛り上げていく」というコンセプトでずっと開催してきました。通訳・介助員には、協会からわずかな通訳謝金をお支払することで開催してきましたが、一方で通訳・介助員派遣制度や同行援護事業が一定程度制度化され、利用できるようになった今、通訳・介助員への謝金、旅費等の課題も浮き彫りとなってきています。これまではボランティアの一環として、盲ろう者とともにこの大会に参加いただいていた通訳・介助員も多くおられましたが、前述のように支援制度が一定程度整備された現状では、盲ろう者の大会参加に当たり、通訳・介助員が確保できない、あるいは、盲ろう者が通訳・介助員の大会参加費・旅費を持たざるを得ないといった状況が生まれてきています。

　これらの問題は、会を重ねるごとに表面化してきていることです。第11回までは３泊４日の開催としていましたが、助成金の確保の問題等の理由により、その後は２泊３日となりました。

　このようにこれらの諸課題に対応すべく財源の確保に努めることはもちろんですが、盲ろう者、通訳・介助員、誰もが参加しやすい環境整備が急務だと考えています。大会分科会の中でも「今後の大会のあり方について」というテーマで意見交換の場を設けてきました。今後は制度利用も含めて、誰もが参加できる大会のあり方について、皆さんのご意見も伺いながら、検討を急ぎたいところです。

　開催当初、参加盲ろう者が少ない時期は、１日目の開会式で参加盲ろう者を紹介しながら、当時の理事長小島純郎が一人ずつ握手を交わすという光景が見られました。参加者が増えていく中で、そのような時間は取れなくなりましたが、全国盲ろう者大会は、全国規模で同じ障害を持つ盲ろう者が、仲間と出会う唯一の場であり、思いを共有できる仲間との触れ合いは、盲ろう者にとって「希望の光」であることに変わりはあ

りません。

　コロナ禍により4年間（2020年〜2023年）中止になりましたが、当協会にとっても欠かすことのできない重要な事業ですので、2024年から再開すべく、準備を進めています。

COLUMN　　盲ろう者の声

一泊合宿から全国大会へ

田幸勇二(たこうゆうじ)（東京都・全盲ろう）

　盲ろう関係の人たちと出会うまでの私は、だんだん見えなくなっていく恐怖心に苛まれながらも、手指を使って曲がりなりにも点字が読めるようになっていました。しかし周囲との会話は断片的に掌に書いてもらう手書き文字に頼っていて、「集団の中での孤独」を避けて、ひとりで読書やパズルを楽しんで過ごすことが多かったです。そんな状態が10数年も続いていました。

　初めて盲ろう者の会合、しかも宿泊を伴う旅行会に参加したのは1988年の冬のことでした。旅館までの移動はもとより夕食後の懇親会でも盲ろう者には一人か二人、手引きや通訳をしてくれる人がついていました。集団の中での孤独を味わうことなく、皆と共にその時その場を分かち合えた喜びや充足感が後の交流会や合宿への参加の原動力になりました。

　1989年の春あたりから東京の北区にある障害者スポーツセンターでの月例交流会に参加するようになり、自分の他にも盲ろう者が大勢いて、いろいろなコミュニケーションがあることを知りました。引っ込み思案だった私も周囲の参加者といろいろな方法で話を交わすようになっていきました。交流会はいわばコミュニケーションのバザールでした。

　1990年6月、夏至を挟んだ2週間ほど、盲ろう関係の有志たちでアメリカの東岸部を訪れました。その時のアメリカ盲ろう者大会はバージニア州のウィリアム・メアリー大学のキャンパスで1週間開かれていました。日本から同行した学生さんにいろいろ手助けしてもらいながら、分科会や展示会、医療相談、バスツアー、ダンスパーティーなどに参加しました。会場ではろう者も聴者と共に盲ろう者の通訳に当たっていて

賑やかでした。その一方で会場の片隅で点字による筆記通訳を受けている初老の盲ろう者もいて、その時は大会3日目でしたが盲ろう者と話したのは私が初めてだと言われ、ひっそりと大会や日々を過ごしている盲ろう者の存在を忘れてはいけないと思ったものでした。

　ニューヨークにあるヘレンケラー・ナショナル・センターの見学を含め、アメリカでの体験を日本へ持ち帰り、協会の設立、大会の開催、盲ろう者向け通訳・介助者の公的な派遣と養成の準備が始められました。今は亡き小島純郎先生や塩谷治先生、今でも活躍しておられる福島智さんを中心に、多くの人たちからの支援や協力を得ながら準備が進められていました。

　1991年8月、国内で初めての盲ろう者大会が栃木の宇都宮で開かれ、全国から44人の盲ろう者を含め170人が集いました。東京駅に集合して、先発と後発に分かれてバスで会場へ向かいましたが、後発のバスが開会式の予定時刻に間に合わず、1時間も待たされるハプニングもありました。分科会では司会も務めましたが、話し手の発言が通訳者を通して本人に伝わるまで時間がかかっていた盲ろう者もいて、その時は他の参加者にも盲ろう者が抱えるコミュニケーションの困難さを見てもらうようにしていました。

　大会では全国各地から参加していた盲ろう者や通訳・介助者とも数多く出会うことができました。大会に参加したのがきっかけで各県にも友の会立ち上げの機運が広がっていきました。かつての私と同じように自分の障害をなかなか受け入れられていなかった盲ろう者が大会で他の盲ろう者と出会うことで障害を受け入れるようになったという話も聞かれるようになりました。また思いがけずろう学校時代の同窓生たちとも再会し、アメリカの大会で垣間見たろう者たちをほうふつさせてくれるものがありました。

　アメリカの大会では世界でポピュラーなチェスがゲーム大会に取り入れられていて、全盲でも駒の種類や色が触って分かるようになっていたり、駒がマスからずれないようにもなっていました。日本ではオセ

ロゲームに人気があって、宇都宮大会から何回か、盲人用のオセロセットを使ってのゲーム大会が行われていて、私も初回だけ参加していました。決勝戦で当たった相手は通訳も務めた弱視の男性でしたが、最後まで息詰まる対戦となりました。終盤で手順を間違えていたら負けていたかもしれないなと思うほどのきわどい対局でした。

　1990年代の大会では機器展示の担当を務めていました。触感や振動を活用した機器もありますが、盲ろう者がわずかに残っている視覚や聴覚を活用するものの展示が多く、全盲ろう者が自力で使える機器はとても少なかったです。一時期には指点字を応用した遠隔会話器や指で触って時刻が分かる触読式置時計の試作品も展示されたこともありますが、いずれも商品化には至らず立ち消えになってしまいました。また協会が設立されたばかりの頃は点字電話の開発も進められていましたが、これも実用化されず、あっという間にパソコンと点字ディスプレイを接続してのメール交信にとって代わり、さらに点字や音声で使える携帯型の情報端末、ブレイルセンスが注目を集めるようになりました。

　こうして30年に及ぶ盲ろう者大会を振り返ってみますと、福祉や教育の谷間に置かれてきた盲ろう者や盲ろう児の存在が広く知られるようになり、盲ろう者向けの福祉サービスや盲ろう児教育の充実につながっていると思います。コロナ感染の影響で大会が中止されていて、とても残念に思います。1日も早くコロナ感染が収束して、みんなが安心して気兼ねなく会場に集い、心ゆくまでいろいろなイベントを楽しめる日が戻ってくることを切に願っています。

（2021年6月）

全国大会一覧（1991年第1回〜2019年第28回）

※ 2011年、2020年、2021年、2022年、2023年は中止。

回	開催年	場所	会場	参加者 ()内:盲ろう者	主なトピック
1	1991	栃木県	コンセーレ（旧栃木県青年会館）	170 (44)	大会宣言採択。
2	1992	新潟県	東京YMCA妙高高原ロッジ	230 (56)	キャンプファイヤー・花火の体験。
3	1993	山梨県	富士青少年センター	270 (70)	富士山やワイン工場など、バスツアーで社会見学を体験。
4	1994	東京都	ホテル海洋	350 (80)	家族・教師の交流会、盲ろう児保育・ツアー。NHKラジオ「視覚障害者の皆さんへ」で約13分放送。
5	1995	長野県	美ヶ原観光ホテル	330 (80)	分科会「緊急時の対応 —地震・火事・急病」。各種メディアで報道される。
6	1996	東京都	日本青年館	314 (77)	分科会「地域の盲ろう者活動の現状と課題」発表・パネルディスカッション。大会決議を国の関係各省に伝達し、今後の支援を要請した。
7	1997	東京都	日本青年館	392 (89)	分科会で各友の会の実情の報告・討議。
8	1998	東京都	日本青年館	428 (93)	夜の談話室の開催。
9	1999	愛知県	クラウンプラザ豊橋	516 (141)	分科会「盲ろう者友の会の役割」で、厚生省社会参加推進室から出席があり、参加者の質問に答えた。参加者が500人を超える。
10	2000	東京都	ホテル海洋	547 (145)	初の試みとして、分科会の参加盲ろう者全員が発言する場を設けた。
11	2001	東京都	ホテル海洋	542 (149)	アメリカから盲ろう者が参加し、講演を行った。
12	2002	宮城県	ホテル壮観	285 (92)	この年から3年間「盲ろう者と地域住民との体験交流会」として開催。
13	2003	三重県	戸田家	336 (112)	「盲ろう者と地域住民との体験交流会」2回目。一人暮らしの盲ろう者の日常生活についてグループ討議など。

回	開催年	場所	会場	参加者 ()内:盲ろう者	主なトピック
14	2004	茨城県	茨交大洗ホテル	329 (95)	「盲ろう者と地域住民との体験交流会」3回目。情報機器によるコミュニケーションについてのグループ討議など。
15	2005	神奈川県	新横浜プリンスホテル	547 (158)	日本自転車振興会の助成で「全国盲ろう者大会」に戻る。
16	2006	大阪府	リーガロイヤルホテル堺	676 (204)	参加者が700人を超える。韓国から盲ろう者が参加し、講演を行った。「全国盲ろう者団体連絡協議会」の設立総会が開かれ、設立が承認された。
17	2007	熊本県	熊本学園大学	413 (128)	熊本学園大学のキャンパス内で開催した。
18	2008	広島県	安芸グランドホテル	673 (199)	地元ボランティアが約140人参加。道案内、会場整理、お風呂介助など行った。
19	2009	群馬県	伊香保温泉HOTEL天坊	587 (176)	分科会では「裁判員制度」「アッシャー症候群について」など、専門的な内容について弁護士・眼科医を招き講演会を行った。
20	2010	北海道	札幌プリンスホテル	639 (193)	札幌の歴史をクイズ形式で学ぶ分科会やボウリングの体験をする社会見学。
	2011	中止			
21	2012	愛媛県	愛媛県民文化会館	635 (201)	今大会から5年間、全国をブロックに分け、各ブロックと全国盲ろう者団体連絡協議会で企画等を行うこととなった。
22	2013	千葉県	幕張メッセ国際会議場	943 (261)	参加者・ボランティアを含め、1千人規模の大会となった。
23	2014	兵庫県	神戸国際展示場・会議場	924 (266)	東京パラリンピックを目指す盲ろうアスリートによるパネルディスカッション。
24	2015	静岡県	ツインメッセ静岡	930 (263)	分科会の「芸能コンテスト」では、応募した盲ろう者が、歌・楽器演奏・空手など披露した。

回	開催年	場所	会場	参加者 ()内:盲ろう者	主なトピック
25	2016	福岡県	西日本総合展示場	789 (232)	特別企画「意思疎通支援事業を取り巻く最近の状況」として厚生労働省担当官が講演を行った。また、「個別給付事業」について、同担当官を交えての意見交換や、今後の大会の在り方について意見交換を行った。
26	2017	岩手県	ホテル千秋閣	711 (206)	分科会「ふうわと共に心に寄りそいながら」では、先天性盲ろう児の置かれている現状や、盲ろう児に対する教育の重要性等、啓発の一助となった。また、盲ろう者が多数出演しているバリアフリー映画『もうろうをいきる』が上映された。
27	2018	千葉県	幕張メッセ	935 (259)	全国盲ろう者協会と全国盲ろう者団体連絡協議会が企画・運営を担当し開催した。同時並行で「第1回アジア盲ろう者団体ネットワーク会議」が開かれ、海外からの盲ろう者11名が参加した。
28	2019	愛知県	名古屋国際会議場	887 (266)	「日本版ヘレン・ケラー・ナショナルセンター」について、事務局長から現状報告、参加者との意見交換を行った。
	2020～2023		中止		

全国の友の会

◎友の会の誕生

　当協会設立直後の1991年4月に、東京盲ろう者友の会が、同年9月には、大阪盲ろう者友の会が発足しました。この両友の会は、当協会設立のきっかけになった、「福島智君とともに歩む会」、「門川君とともに歩む会」の活動を通じて、そこに集まってきた盲ろう者と通訳・介助員の地域組織として発足したという経緯があります。

　この東京、大阪の友の会発足について、元事務局長の塩谷治は次のように記しています。

「友の会」の誕生

　社会福祉法人ができて、全国レベルでの通訳・介助者派遣事業が始まったわけだが、これは現在の「独立行政法人福祉医療機構」の前身である「社会福祉・医療事業団」からの助成金で行われることになった。これとは別に、「新しい盲ろう者の会設立準備会」の交流会に東京都からの助成を受けることになった。このための受け皿として東京都民による団体を作る必要が生じて「東京盲ろう者友の会」が誕生した。会の命名者は例によって小島先生ではなかったかと思う。小島先生は、盲ろう者とその支援者の組織ということを強く意識して「友の会」という名称を選ばれたと記憶している。

　これを受けて大阪でも「新しい盲ろう者の会関西準備会」が「大阪盲ろう者友の会」として衣更えをすることになった。このように、東京と大阪が常に車の両輪のように活動を繰り広げてきたことが、今日全国的な広がりを見せるようになった大きな要素となっている。

『コミュニカ』42号（2011年3月）より

この二つの友の会発足と、毎年開催してきた「全国盲ろう者大会」が契機となり、全国各地で友の会が作られるようになり、盲ろう者運動が広がっていきました。

　その後も各地域で徐々に交流会が開催されるようになり、当協会設立後10年を経た2001年には21都道府県、2016年までには青森県を除く全ての都道府県で友の会が発足しました。四半世紀の時を経て全国に広がった友の会は、盲ろう者の活動拠点として欠かせないものになっています。なお、青森県では友の会発足までの準備段階として「青森県盲ろう者支援会」が作られ、2017年から活動しています。

　このように各都道府県に作られた友の会ですが、現時点では団体の規模、組織力に大きな差があると言わざるをえません。友の会の事務所を構え、組織力強化や財政上の安定化を図るためにＮＰＯの法人格を取得した団体、盲ろう者向け通訳・介助員派遣・養成事業を行政から受託したり、派遣事業のほか同行援護事業所も開設している団体、盲ろう者支援センターを看板にしている団体など、ある程度組織的に活動している友の会がある一方、友の会会員の自宅を事務所に、任意団体として活動をしている友の会もあります。その規模は一定ではありませんが、小さな団体であったとしても、盲ろう者と通訳・介助員等支援者が定期的に集える交流会の開催を継続することが、盲ろう者の未来を支える大変重要な活動と言えるでしょう。

◎活動支援

　当協会では、友の会が発足するまでの間、また友の会発足後の活動を支援する観点から、いくつかの事業を進めてきました。友の会支援とは、そこに携わる人材（盲ろう当事者）育成とも大いに関連することから、単純に切り分けることは難しいものの、ここでは友の会が活動していく上で必要とされた支援について、いくつかの事業を紹介します。

　1992年度から、「地方における"支援組織の整備"支援事業」を始めています。この事業は、まだ盲ろう者の交流会が行なわれていない未組織

の道府県（市）に当協会から役職員を派遣し、盲ろう者が各地域で仲間づくりができるよう必要な情報を提供すること、また、県庁・市役所の障害福祉課等を訪問し、盲ろう者友の会設立の支援、盲ろう者福祉の向上についての啓発を計ることを目的に始めたものです。

　1993年11月には、各地域で実施されるようになってきた盲ろう者の交流会について、東京で懇談会を実施しています。記録によると、この懇談会には北海道、東京、長野、静岡、名古屋、大阪、熊本から参加がありました。

　1997年度からは、「盲ろう者福祉啓蒙事業」として、友の会発足支援、都道府県（市）に対する啓発活動を継続しています。事業の名称変更を適宜行いながら、2005年度までは独立行政法人福祉医療機構の助成、2006年度からは厚生労働省の委託事業として継続しています。当初は、友の会発足支援に注力していましたが、友の会が各地に発足していく中で、派遣・養成事業が未実施の道府県に対して、事業開始やその充実への支援にシフトしてきました。

　また、同じく1997年度から、「盲ろう者友の会支援事業」として、盲ろう者友の会の役員（重度盲ろう役員）に必要な通訳・介助員（訪問相談員）に対する「謝金・交通費」の一部を、公用利用券として、各友の会役員に配布するかたちで、当協会が支援することとしました。それまでは、友の会の活動においても、盲ろう当事者が活動する場合、そこにかかる通訳・介助員の謝金等は、当該友の会で負担するか、あるいは、当協会が実施していた個人に対する派遣事業の中から工面して、その経費を補っている状態でした。この年に、公用利用券を交付した友の会（準備会を含む）は24か所で、交付枚数は4,532枚（時間）となっています。この公用利用券による支援は2004年度まで継続しました。

◎機器等基盤整備支援

　1999年度及び2009年度には、国からの補正予算による機器整備事業として、いずれも1億円あまりの事業規模で、友の会に対する支援を実

施しました。

　1999年度には、「障害者情報ネットワーク端末機器等整備事業」の一環で、研修用機材整備として点字タイプライター（ブリスタ、パーキンスブレーラー）を、盲ろう者用情報提供基盤整備として情報提供・入手用機器（点字ディスプレイ及びパソコン本体・周辺機器一式）を、各盲ろう者友の会・準備会に貸与というかたちで提供しました。

　また、2009年度には、「高度情報通信福祉事業」の一環として、全国の友の会が必要としている情報関連機器を援助する目的で「盲ろう者情報提供機器整備事業」を実施しました。1999年度に行われた補正予算による貸与以後、老朽化した機器も多く、また、その後に発足した友の会も多かったため、新たな支援が必要となっていました。その際には、各団体で機器が有効に活用されるよう、あらかじめ全国の友の会等を対象に意向調査をした上で、パソコン、点字ディスプレイ、点字プリンター等の機器を購入し、各友の会等へ貸与を行いました。

◎同行援護事業所開設支援

　2018年度から、これまでは視覚障害者向けに実施されていた同行援護事業の枠組みの中で、盲ろう者への支援の充実が図られることとなりました。具体的には、地域生活支援事業で盲ろう者向け通訳・介助員派遣事業に従事していた通訳・介助員が、同行援護事業所の従業者として認められ、その通訳・介助員が、盲ろう者を支援した場合、報酬に一定の加算が行なわれることとなり、盲ろう者が同行援護事業を利用して移動とコミュニケーションの支援を受けることができるようになりました。

　当協会では、全国の盲ろう者友の会等が、この同行援護事業の枠組みで事業所を立ち上げ、そして、これまでの都道府県地域生活支援事業の派遣制度とともに、この同行援護も利用できるような環境整備に努めていくこととしました。

　2021年度からは、一般財団法人日本民間公益活動連携機構（JANPIA）から助成を受け、「盲ろう者の地域団体の創業支援事業」を実施してい

ます。具体的には、当協会が資金の分配団体となり、各友の会が同行援護事業所を開設・運営するための資金を提供するほか、ＮＰＯ法人の立ち上げから同行援護事業所の運営ノウハウの提供といった非資金的な支援も行っています。また、地域の盲ろう者の掘り起こし、友の会活動の活性化につながる新たな事業展開への支援も並行して行います。

　全国の盲ろう者友の会等地域団体に公募を行い、2022年度から３年にわたって支援するもので2024年３月現在、ＮＰＯ法人札幌盲ろう者福祉協会、ＮＰＯ法人千葉盲ろう者友の会、ＮＰＯ法人静岡盲ろう者友の会、ＮＰＯ法人香川盲ろう者友の会、ＮＰＯ法人宮崎県盲ろう者友の会の５団体を実行団体として支援しています。

　このように、当協会では全国各地の盲ろう者友の会等地域団体に対してさまざまなかたちでの支援を継続してきました。盲ろう者福祉向上のための運動の力は、各地域に友の会等があればこそ生まれるものです。今後も協会と各地の友の会と連携を図りつつ、可能な限り支援を行い、盲ろう者福祉の増進に寄与するよう努めます。

◎全国盲ろう者団体連絡協議会設立

　当協会のあゆみの一方で、もう一つ大事な事柄について記さなければなりません。それは「全国盲ろう者団体連絡協議会（以下、連絡協議会）」の設立と、その連絡協議会と当協会との関係についてです。

　盲ろう者友の会が全国各地に設立されていく中、2000年２月、兵庫盲ろう者友の会の吉田正行氏の呼びかけで、神戸に盲ろう者の有志が集まり、新しい盲ろう当事者の会の設立に向けて検討が開始されました。これは、「障害者のことは障害者自身で決める」という、いわゆる「当事者主義」の理念に基づく世界的な潮流にも沿った動きです。つまり、当時の協会の非当事者性に対する不満を背景として、当事者組織の必要性が求められたものです。

　その後、2002年には「全国盲ろう者団体連絡協議会設立準備委員会」

が立ち上げられました。当事者組織の必要性やその在り方などについて、当協会主催の指導者研修会や全国盲ろう者大会等のあらゆる機会を利用して、対面での議論が重ねられました。また、ちょうど電子メールやメーリングリストを利用して、オンラインでのコミュニケーションが盲ろう者の間でも広がっていった時期と重なり、ゆっくりではあるものの、着実に議論は進められました。

　そして2006年8月、大阪での全国盲ろう者大会の場と連動させて、連絡協議会が正式に設立されました。呼びかけ人であった吉田正行氏が初代会長として選ばれましたが、大変残念なことに会長就任後急逝なさいました。

　設立後、連絡協議会は、1.各地の盲ろう者友の会の横断的な連絡組織として、わが国の盲ろう者が直面している様々な問題について、各友の会の意見を集約して対外的に発信すること、2．盲ろう者に関わる様々な情報を各友の会に伝えること、3.そのような活動を通して全国各地の盲ろう者の「一体感」を高めること、などの役割を果たしてきました。

　当協会と連絡協議会は、国に対する要望を共同で提出する等、「車の両輪」としてお互いに協力し合いながら日本の盲ろう者福祉を進めてきました。2024年3月現在、全国で37の友の会が連絡協議会に加盟しています。

　他方、連絡協議会設立から18年が経過しましたが、連絡協議会と当協会との関係を考えた時、必ずしもその役割分担が明確でなく、全般的に整理しなければならない時期に差し掛かっています。

　まず、今から10年前の2014年に、「障害者権利条約」を我が国も批准しました。それにより、障害者に関する法令、政策の策定及び実施、その他の障害者問題に関する意思決定過程において、「障害者を代表する団体を通じ、障害者と緊密に協議し、及び障害者を積極的に関与させる（権利条約第4条）」ことが、日本政府に義務付けられました。このことにより、わが国における障害者団体の位置付け（団体の存在意義）は、大きく転換されました。それは理念的な意味だけでなく、現実的に、

盲ろう者に関する施策の推進を図るためにも、盲ろう者団体の存在が重要な意義を持つこととなりました。

　当協会は、基本的には盲ろう者を支援する団体として発足しましたが、現状においては、盲ろう者の支援団体としての性格と、全国の盲ろう者が集う障害者団体としての性格を併せ持つ団体となってきているものと考えられます。国からも、全国の盲ろう者を代表する障害者団体としてみなされており、内閣府の障害者政策委員会をはじめとする様々な国の委員会などに対する委員の推薦や意見の表明などを求められてきています。

　しかしながら、これまで当協会は、障害者団体としての位置付けが必ずしも明確ではなかった面があり、全国の盲ろう者の意見を集約する機能などが弱く、委員の推薦や意見表明などにおいても対応に苦慮し、連絡協議会の協力は必須となっています。さらに、盲ろう者の国際組織である世界盲ろう者連盟（ＷＦＤｂ）においては、2001年の連盟発足時より、当協会が日本からの加盟団体となっています。これに関連して、連絡協議会設立時から指摘されていることとして、当協会と連絡協議会のどちらが「わが国の盲ろう者を代表する団体」であるのかというような混乱も生じています。

　このような点を考慮して、2022年から連絡協議会の提案もあり、当協会と連絡協議会の「一体化」についての議論が始まっています。盲ろう者は極めてマイナーな存在であり、盲ろう者に関する施策を推進するためにも、国際的な発言力を保持する上でも、盲ろう者団体は一体化することが望ましいのではないかと関係者の意見は一致しています。

　今後、より良いあり方について、現実的な検討を重ねていく予定です。

COLUMN　盲ろう者の声

友の会と共に

早坂洋子（宮城県・弱視難聴）

　私は生まれつき弱視難聴の盲ろう者です。
　私が「盲ろう者」のことを知ったのは高校卒業後で、その当時はまだ宮城県に盲ろう者の団体はありませんでした。それまでは、盲ろう者のことも知らず、他の障害者との関わりもなく、福祉制度もあまり利用していませんでした。自分と同じような境遇の方がたくさんいらっしゃるとはわからず、困っていても、どうしたらいいのか、何もわからないまま生活していました。
　高校卒業後まもなく、同じ弱視難聴で関東に住んでいた兄から、関東に盲ろう者友の会があることを教えてもらい、交流会に誘われました。そこで同じ盲ろう者に会えたことや初めて通訳・介助をしていただいたことに衝撃を受けました。「コミュニケーションがとれる」「会話が楽しい」と生まれて初めて感じたのです。自分と同じような仲間にこの気持ちを伝えたい、その集まりを作りたいと思うようになりました。
　その後出会った県内に住む盲ろう者のご家族や通訳・介助員と、数人の小さなお茶会が始まりました。個人宅に集まり、他愛のないおしゃべりを楽しみました。
　団体結成の大きなきっかけとなったのは、全国盲ろう者協会主催の「盲ろう者と地域住民との体験交流会」が、2002年8月に宮城県松島町で開催されたことです。全国盲ろう者協会から東北の友の会に声がかかり、実行委員会を立ち上げ、分科会の内容等を検討しました。右も左もわからない私に、周りの方々、そして東北各県の先輩方に励まされ、失敗しながらも、とても良い経験となりました。そこでたくさんの方に出会い、盲ろう者のことや通訳・介助のことなど、様々なことを学びました。

この大会をきっかけに、それまで宮城県内でバラバラに活動していた盲ろう当事者、支援者、関係者等が初めて集まりました。このまま終わらせてはもったいないと、2002年10月に「みやぎ盲ろう児・者と共に歩む会」として準備会を立ち上げ、少しずつゆっくりゆったりと歩みを進めました。

　2008年に全国盲ろう者協会で行っていた通訳・介助派遣事業が打ち切りとなることを受け、宮城県で2008年から盲ろう者通訳・介助員養成講座が、2009年から盲ろう者通訳・介助員派遣事業がスタートすることになりました。盲ろう者団体として、事業に協力していくためには、きちんとした会を立ち上げたほうが良いと、2008年5月に「みやぎ盲ろう児・者友の会」と名称を新たにして正式に会を立ちあげました。立ち上げにあたっては、規約の作成や宮城県への訪問など、当時の全国盲ろう者協会事務局長・故塩谷先生をはじめ、協会のみなさまにもお世話になりました。設立記念講演会では、福島智さんにご講演いただき、大盛況の会となりました。

　友の会の主な活動として、定期的な交流会、点字や手話等のコミュニケーション勉強会の開催。養成講座、現任研修会、生活訓練といった県事業への協力などを行ってきました。また、2011年3月11日の東日本大震災発生後は、全国から集まった義捐金を会員の盲ろう者に届けたり、盲ろう当事者として、震災体験や防災について、会員の盲ろう者が各地で講演活動等も行いました。

　常に目の前のことをこなすことにいっぱいで、今も課題は山積ですが、少しずつ盲ろう者や支援者も増えていき、私自身が、友の会に育てていただきました。周りの人とうまく会話ができず、困っていても、何もわからなかったあのころ。今ではいろいろなコミュニケーション方法を学び、会話を楽しめるようになり、障害を補う様々な方法を学びました。しかし、県内にはまだまだたくさんの盲ろう者がいて、「あのころ」の私と同じような思いを抱えているかたもいるでしょう。そんな盲ろう者に、どう声を届けていくか、大きな課題のひとつです。それでも、「私はここにいるよ」「あなたは一人じゃないよ」と、小さな声でも、会のみんなと一緒に声を上げ続け、一筋の光となっていけたらと思います。　　　（2022年5月）

盲ろう者友の会　設立年月　一覧

団体名　※	設立年月
認定NPO法人東京盲ろう者友の会	1991（平成3）年4月
NPO法人大阪盲ろう者友の会	1991（平成3）年9月
長野県盲ろう者友の会	1991（平成3）年11月（休会中）
NPO法人愛知盲ろう者友の会	1992（平成4）年2月
熊本盲ろう者夢の会	1994（平成6）年4月
NPO法人札幌盲ろう者福祉協会	1994（平成6）年5月
NPO法人香川盲ろう者友の会	1995（平成7）年2月
NPO法人静岡盲ろう者友の会	1995（平成7）年3月
NPO法人広島盲ろう者友の会	1995（平成7）年5月
石川盲ろう者友の会	1995（平成7）年10月
NPO法人兵庫盲ろう者友の会	1995（平成7）年12月
岩手盲ろう者友の会	1997（平成9）年4月
栃木盲ろう者友の会「ひばり」	1998（平成10）年4月
秋田盲ろう者友の会	1998（平成10）年5月
山口盲ろう者友の会	1998（平成10）年10月
神奈川盲ろう者ゆりの会	1999（平成11）年5月
NPO法人えひめ盲ろう者友の会	1999（平成11）年10月
NPO法人群馬盲ろう者つるの会	2000（平成12）年4月
岐阜盲ろう者友の会	2000（平成12）年4月
福島盲ろう者友の会	2000（平成12）年5月
徳島盲ろう者友の会	2000（平成12）年5月
NPO法人しが盲ろう者友の会	2001（平成13）年7月
岡山盲ろう者友の会	2001（平成13）年9月
福岡盲ろう者友の会	2002（平成14）年4月
長崎盲ろう者友の会・あかり	2002（平成14）年5月
埼玉盲ろう者友の会	2002（平成14）年11月

団体名	設立年月
京都盲ろう者ほほえみの会	2003(平成15)年4月
山形県盲ろう者友の会	2004(平成16)年4月
新潟盲ろう者友の会	2004(平成16)年5月
和歌山盲ろう者友の会	2004(平成16)年10月
NPO法人千葉盲ろう者友の会	2004(平成16)年11月
しまね盲ろう者友の会	2005(平成17)年12月
沖縄盲ろう者友の会	2006(平成18)年8月
三重盲ろう者きらりの会	2007(平成19)年7月
みやぎ盲ろう児・者友の会	2008(平成20)年5月
ながの盲ろう者りんごの会	2008(平成20)年11月
茨城盲ろう者友の会	2008(平成20)年12月
奈良盲ろう者友の会「やまとの輪」	2009(平成21)年2月
NPO法人宮崎県盲ろう者友の会	2009(平成21)年4月
大分盲ろう者友の会	2009(平成21)年4月
富山盲ろう者友の会	2009(平成21)年6月
高知県盲ろう者友の会	2011(平成23)年5月
山梨盲ろう友の会	2012(平成24)年5月
NPO法人鹿児島県盲ろう者友の会いぶき	2013(平成25)年3月
佐賀盲ろう者友の会	2014(平成26)年4月
鳥取盲ろう者友の会	2014(平成26)年4月
福井盲ろう者友の会	2016(平成28)年6月
青森盲ろう者支援会(友の会準備会)	2017(平成29)年5月

※団体名は2024年3月現在のものです。

4 人材育成

通訳・介助員の養成

◎通訳・介助員養成研修会

　当協会設立と同時に、盲ろう者向け通訳・介助員派遣事業が始まりました。派遣事業を担う上で必要不可欠なのが盲ろう者を支援する通訳・介助員の存在です。当協会では設立当初から通訳・介助員の養成を行うこととし、1993年2月より第1回「盲ろう者向け通訳・介助者養成講習会」として養成事業を始めました。1993年度4月からは、厚生省（現厚生労働省）の委託事業として、東京近郊の方を対象とした2か月間で数回の開催方式のほか、全国数ヵ所でもコミュニケーション学習会が取り組まれています。1996年からは受講対象を全国に広げ、受講者の利便性を考慮して、一会場、5日間の集中研修に変更されました。

　2000年度から国が盲ろう者向け通訳・介助員試行事業を始めたことをきっかけに、派遣事業と同様にこの養成事業も徐々に各都道府県でも開催されるようになりました。

　そのような中で、これまでは純粋に通訳・介助員の養成に特化した研修を実施していましたが、各地で開かれる養成講習会の指導者（講師）の養成を求める声が出てきました。これに答えるために、2011年10月からは、これまでの「盲ろう者向け通訳・介助員養成研修会」を「盲ろう者向け通訳・介助員養成のためのモデル研修会」と改称して開催することとしました。本研修会は、通常の養成研修を行いつつ、指導者となる方も参加し、研修の進め方、講義内容等を学ぶことを目的に開催しました。全ての都道府県で養成講習会が実施されているわけではなかったので、経過措置としてこの研修会を4年間続けました。

　その後2013年、障害者総合支援法の中で、盲ろう者向け通訳・介助員派遣・養成事業が、都道府県地域生活支援事業の必須事業と位置付け

られることになりました。これに先駆けて、厚生労働省の補助事業として、当協会では「盲ろう者向け通訳・介助員養成カリキュラムの内容に関する調査」事業を2012年に実施しました。

「盲ろう者向け通訳・介助員養成カリキュラムの内容に関する調査」では、効果的かつ効率的な通訳・介助員養成を可能にするカリキュラムのあり方を検討する材料とするために調査を実施し、この調査結果をふまえて全国的に実施されることが望ましい標準カリキュラムの内容について、厚生労働省に提言しました。

具体的には、以下の3項目の調査を行いました。

① 各都道府県を対象に、養成研修の運営方法やカリキュラムなどについての郵送調査
② 通訳・介助員を対象に、通訳・介助業務にあたっての価値観や態度、自身の通訳・介助技術への評価など、通訳・介助員の現状と課題を把握するための郵送調査
③ 通訳・介助員を利用している盲ろう者を対象に、盲ろう者が通訳・介助員にどのような技能や資質を求めているかを明らかにする面接調査

これらの調査結果をふまえて、当協会から厚生労働省に提言した標準カリキュラムの内容については、2013年3月末に、厚生労働省から全国の都道府県・指定都市・中核市に対し、養成研修事業を実施するにあたっての「基本」となるものとして公式に通知されました。

これらの経緯を経て、2013年度からはこの標準カリキュラムの定着・普及を図るべく、これに沿った研修会を開催し、2015年からは、当協会でも指導者(講師)養成に特化した「盲ろう者向け通訳・介助員養成講習会指導者養成研修会」を始めることとし、現在に至っています。

◎養成研修会用テキスト

養成事業を始めた当時を思うと、これまでに通訳・介助員の養成は初の取り組みであり、試行錯誤しながら、現在は全国各地で実施されてい

る養成講習会が形作られてきたものと言えます。当初は、指点字、指文字のコミュニケーション方法のスキル獲得に重点を置いたいわばコミュニケーション学習会のようなスタイルから始められ、その後に「見えない、聞こえない人(盲ろう者)」への支援とは何か、そんなことを原点として、盲ろう当事者をはじめ、それまで盲ろう者とともに歩んできた支援者の方々が講師となり、開催されました。コミュニケーション方法が多様であることから、それぞれのコミュニケーション方法の習得は元より、他者の発言を通訳するということにとどまらず、相手の様子、周囲の状況等も含めた状況説明等々を伝えるという、現在の養成講習会の基礎部分から構築されていったものと言えます。

　こうした取り組みを重ねた結果、これらのノウハウを1冊にまとめた『盲ろう者への通訳・介助～光と音を伝えるための方法と技術』がようやく2008年に刊行されました。その後本書は、全国各地で行われる養成講習会のテキストとして利用されてきています。

　続いて、前述したように標準カリキュラムが策定され、指導者養成に特化した研修会をスタートしたこともあり、『盲ろう者への通訳・介助』をベースに一部改訂しつつ、指導者として押さえておくべきポイントなどを整理したテキストとして、『盲ろう者向け通訳・介助員指導者のための手引書』を作成し、全国の友の会等地域団体及び養成講習会受託団体等に頒布しました。第1部が受講者編、第2部が指導者編として編集しています。今後、第1部の受講者編を、『盲ろう者への通訳・介助』の第2版と位置付けて出版する予定ですが、2018年に同行援護事業においても盲ろう者への支援ができるようになり、その過程で通訳・介助員の養成研修、同行援護従業者の養成研修のあり方に一定の整理が必要であることから、現時点では保留状態になっています。

◎盲ろう者向け通訳・介助員現任研修会

　1991年から派遣事業が開始され、それと併せて養成研修会を開始したわけですが、通訳・介助員として活動していく中で、通訳・介助中に

起こるさまざまな状況で、「こういう場合はどうしたらよいのか」、「対応できずに困った」等の声が高まってきました。通訳・介助員養成研修を終えた上で活動しているものの、実践の現場で起こるさまざまな問題について、通訳・介助員の間で情報共有、意見交換ができるような場が欲しいという声です。これは必然と言えるのかもしれません。

　これらのニーズに答えるべく、当協会では2000年８月に全国盲ろう者大会と連続した日程で「第１回盲ろう者向け通訳ボランティア全国研修会」を開催しました。翌年も同様のかたちで開催し、そして2003年12月には、「盲ろう者向け通訳ボランティア全国研修会」を「盲ろう者向け通訳・介助者現任研修会（2008年から「盲ろう者向け通訳・介助員現任研修会」）」と改称して開催し、2016年まで毎年開催してきました。

　この研修会は全国の盲ろう者向け通訳・介助員を対象として、盲ろう者についての知識や接し方をはじめコミュニケーション技術等、盲ろう者の多様なニーズに応えることのできる知識並びに技術等について研修することにより盲ろう者向け通訳・介助員の資質の向上を図ることを目的として開催してきました。しかし、全国的に養成・現任研修会が、各地域で開催されている状況を受け、一定の役割は達成できたものと考え、2016年度の開催をもって終了となりました。

通訳・介助員養成研修事業開始年　一覧

自治体	養成研修事業開始年度
東京都	1993(平成5)年
石川県	1997(平成9)年
福岡県	1997(平成9)年
広島県	1997(平成9)年
兵庫県	1998(平成10)年
熊本県	1998(平成10)年
秋田県	1999(平成11)年
大阪府	1999(平成11)年
群馬県	1999(平成11)年
栃木県	1999(平成11)年
埼玉県	1999(平成11)年
静岡県	1999(平成11)年
山口県	1999(平成11)年
福島県	2000(平成12)年
神奈川県	2000(平成12)年
愛知県	2000(平成12)年
滋賀県	2001(平成13)年
鹿児島県	2001(平成13)年
岩手県	2002(平成14)年
岐阜県	2003(平成15)年
香川県	2003(平成15)年
京都府	2003(平成15)年
岡山県	2003(平成15)年
三重県	2003(平成15)年
新潟県	2003(平成15)年
愛媛県	2003(平成15)年

自治体	養成研修事業開始年度
長崎県	2004（平成16）年
千葉県	2004（平成16）年
和歌山県	2004（平成16）年
佐賀県	2004（平成16）年
島根県	2005（平成17）年
奈良県	2006（平成18）年
北海道	2007（平成19）年
徳島県	2007（平成19）年
沖縄県	2007（平成19）年
山形県	2008（平成20）年
富山県	2008（平成20）年
大分県	2008（平成20）年
宮城県	2009（平成21）年
茨城県	2009（平成21）年
山梨県	2009（平成21）年
鳥取県	2009（平成21）年
高知県	2010（平成22）年
長野県	2011（平成23）年
宮崎県	2012（平成24）年
福井県	2016（平成28）年
青森県	2019（令和元）年

派遣コーディネーターの養成

　盲ろう者向け通訳・介助員派遣事業が、全国の各都道府県に広がりつつあることを踏まえて、独立行政法人福祉医療機構の助成を得て、2006年度から「コーディネーター養成研修会」を開始することとしました。派遣事業の実務を担当する各地域のコーディネーターを対象として、派遣事業の趣旨の徹底及び盲ろう者福祉全般についての知識、派遣事業に関わる実務等について研修することにより、盲ろう者向け通訳・介助員派遣事業の発展に寄与することを目的としたものです。

　2006年度・2007年度は「コーディネーター養成研修会」という名称で行い、2008年度からは「コーディネーター連絡会」と名称を変更し、2013年度まで継続しました。

　多くの地域では派遣事業が開始されたばかりの時期であったため、コーディネーターに求められる知識・技術を身に付けることを目的とし、毎年30名から40名程度の参加がありました。

　また、コーディネーターは、盲ろう者と通訳・介助員の調整だけではなく、その挟間で、いわば相談役といった立場になる場合もあります。複雑多岐にわたる問題を抱え、日々悩むことも多いため、コーディネーター同士の情報交換の場が求められました。

　研修会は、いずれも2日間の日程で、「コーディネーター業務とは」、「全国の派遣事業の運用情況」、「事例討論」、「盲ろう児支援」、「自家用車使用の問題」、「通訳・介助員の健康問題」等々、さまざまなテーマを設定し、研修の要素を盛り込みつつ情報交換の場として実施しました。

　コーディネーターの多くは、一人の職場となっているところが多いため、他のコーディネーターと意見交換ができる貴重な場となりました。

盲ろうリーダーの育成

　ここでは、盲ろう当事者を対象とした人材育成といった観点で、これまでの取り組みを紹介します。当協会では、設立当初から全国各地で発足した友の会等地域団体に対する支援と併せて、友の会等地域団体のリーダーとなる人材育成事業を行ってきました。しかし、これは人材育成といった側面のみならず、友の会の組織力向上、あるいは友の会同士の全国的ネットワーク作りといった側面をも含む取り組みと言えます。

◎盲ろう者友の会指導者等研修会

　当協会設立後およそ10年を経過したところで、2000年度（2001年2月）に、第1回目の「盲ろう者友の会指導者等研修会」を東京で開催しており、友の会（設立準備会を含む）26団体の代表が集いました。

　この研修会は、「各地域の盲ろう者の福祉活動の拠点である『盲ろう者友の会』の指導者等について、各種相談指導及び連絡・調整等、盲ろう者友の会の業務に必要な知識、技術等についての研修や情報交換を行ない、『盲ろう者友の会』活動の充実を図ること」を目的として開催しています。内容としては、「盲ろう者福祉行政の現状と今後の展望（行政説明）」、「『盲ろう者向け通訳・介助員派遣試行事業』への取組み（基調報告）」、「21世紀の盲ろう者福祉を展望する（パネルディスカッション）」等が実施されています。

　回を重ねる中で、「盲ろう者福祉に関する制度や制度の変更等について周知すること」、「『盲ろう者向け派遣事業』『盲ろう者向け通訳・介助員養成事業』について」、「通訳・介助員との関わり」、「友の会の運営」等をテーマに取り上げ、行政関係者等の講演や受講者間で意見・情報交換等、研修後に友の会の運営に役立つような内容となっています。2003年度〜2007年度は、「盲ろう者地域団体指導者等研修会」と名称を変更して行いました。

◎盲ろう者地域団体代表者会議

　2008年度から3年間は、ほぼ全国に友の会等地域団体が発足した状況を受けて、今後は各団体間の連携を深め、組織強化を図っていく必要があることから、内容を見直し、名称も「盲ろう者地域団体代表者会議」と変更して開催しました。

　初年度は、「地域ブロック化」「友の会活動」「今後の通訳・介助員派遣事業のあり方」「災害時に対する備えと対処法」などについて意見・情報交換が行われました。

◎全国盲ろう者地域団体ブロック会議

　上記に加えて、2009年度からは「全国盲ろう者地域団体ブロック会議」を5年にわたって開催しました。前述の代表者会議の予備会議という位置づけで、全国を6つのブロック（「北海道・東北」、「関東・甲信越」、「東海・北陸」、「近畿」、「中国・四国」、「九州・沖縄」）に分けてブロックごとに共通する問題について討議し、お互いの連携強化を図りました。

◎全国盲ろう者団体ニューリーダー育成研修会

　2011年度からは、「盲ろう者地域団体代表者会議」を「全国盲ろう者団体ニューリーダー育成研修会」とし、現在（2023年度）まで継続しています。この研修会は、若い盲ろう者のリーダーを育成し、友の会等地域団体の運営力アップに繋がる知識とノウハウを身につけることで、団体の活性化を図ることなどを目的としています。

　1回目は、「盲ろう者福祉の歴史」「リーダーとしての自覚とモラル」「盲ろう者の未来」をテーマとして、全体会、グループディスカッション等が行われました。

　以上の研修会や会議は、いずれも独立行政法人福祉医療機構の助成に

より、2013年度まで実施した事業です。2014年度は助成打ち切りとなり事業は行いませんでしたが、2015年度からは、新たに厚生労働省委託事業の一つとして、「全国盲ろう者団体ニューリーダー育成研修会」を実施しています。

◎その他の研修会

さらに、2018年度から、公益財団法人日本財団の助成により、「アジア盲ろう者団体ネットワーク構築事業」を５か年計画で開始しました。その中で、国際協力に携わることのできる盲ろう当事者の養成研修も試みとして始めました。しかしながら、新型コロナウイルス感染症の流行に伴い、この研修会は、2018年度、2019年度、2023年度（2022年度分の事業延長として）のみの開催となりました。

また、前述の「盲ろう者向け通訳・介助員養成講習会指導者養成研修会」や後述する「盲ろう者向け情報機器指導者養成研修会」についても、盲ろう当事者が受講できるような体制で取り組んでいます。通訳・介助員といった支援者の育成のみならず、友の会等地域団体を牽引する盲ろう者を対象とした人材育成は必要であり、今後も継続していく予定です。

情報機器を活用するために

　他者とのコミュニケーションに困難を伴う盲ろう者にとって、情報機器を活用することは、はかりしれない意義があります。他者とのコミュニケーションにおいては、通常、通訳・介助員の支援が必要となりますが、盲ろう者がパソコン・スマートフォン等の情報端末・点字ディスプレイ等を利用できれば、メール等のコミュニケーションツールを使って、他者とも独力でコミュニケーションがとれるようになります。身近な人のみならず、遠方の人ともコミュニケーションをとることができ、これら情報機器を使いこなすことができれば、世界が広がると言っても過言ではないでしょう。

◎指導者養成研修

　当協会では、盲ろう者への情報機器の活用機会を広げることを目的に、2006年度より「盲ろう者向けパソコン指導者養成研修事業」を始めました。それまでにも他の障害者関係機関では、盲ろう者向けに情報機器の指導や、指導者養成の研修会など取り組まれていましたが、当協会としても盲ろう者に特化した指導者養成を図ることで、盲ろう者への情報機器の活用を促進することを目的として実施したものです。

　初年度の2006年度は、現状を把握するため、これまで盲ろう者に対して情報機器利用の指導経験のある障害者施設に対する調査を行うとともに、パソコン等を利用している盲ろう者への聞き取り調査を実施しました。さらに、現存する情報機器やソフトウエアの中から、盲ろう者にとって利用しやすい、もしくは利用可能な機器やソフトウエアの検証も行いました。

　そのうえで、2007年度から「盲ろう者向けパソコン指導者養成研修会」として、5日間の研修をスタートさせました。この研修においては、パソコンに点字ディスプレイを接続してスクリーンリーダー（読み上げ

ソフト）を活用したメールやインターネットアクセス、また、当時発売された点字ディスプレイ一体型の情報端末「ブレイルセンス」、また弱視者向けには個人の見やすい方法でパソコンを利用できるように、画面や文字の拡大機能についても取り上げる等、盛りだくさんの内容で研修を進めました。

　それ以後、研修会を重ねる中で、点字ユーザーを対象とした、パソコンと点字ディスプレイ環境、点字ディスプレイ一体型情報端末「ブレイルセンス」、画面ユーザーを対象とした、パソコンの画面拡大機能等、それぞれのテーマごとにカリキュラムを編成し、最新の機器・ソフトウエアを取り入れながら、指導者養成に取り組んでいます。

　研修会では種々の情報機器を準備して、実際に操作してもらうことが重要ですが、そのような環境を整えるには、機器の購入・準備のための経費や会場確保などの面で限界もあるため、一度の研修会で受講できる人数は10人程度というのが現実です。受講者には、通訳・介助員をはじめとして、障害者施設関係者及び盲ろう当事者も含まれ、この研修会修了者の中から、後述の「コミュニケーション訓練個別訪問指導」で地元サポーターとして活動していただくといった取り組みも行っています。しかし、訓練を希望する盲ろう者と研修会修了者とのマッチングは容易ではなく、そのためにも研修会を充実させ、より多くの修了者を輩出することが課題となっています。

　その他、数年ごとに「盲ろう者向けパソコン指導マニュアル」を作成し、関係機関に配布するなどの取り組みも行っています。

◎コミュニケーション訓練個別訪問指導

　指導者養成研修会を開催するとともに、2009年度からは、「コミュニケーション訓練個別訪問指導」を始めました。これは、盲ろう者に情報機器を貸与し、一定期間、数回にわたり講師を派遣したり、前述の研修会修了者等に地元のサポーターとして活動していただき、機器の操作を体験してもらうことで、実際の機器活用につながることを目的としてい

ます。

　本事業開始後、毎年数名の希望者を募り、パソコンと点字ディスプレイを使ってメールの送受信、インターネットからの情報入手（ニュースや天気予報の閲覧など）、点字データによる読書環境の整備等を目標に進めています。

　盲ろう者にとって、機器の操作手順を熟知するまでのハードルは高く、大変な面もありますが、これまで通信・情報入手手段を持たなかった方が、操作手順を繰り返し練習することで、独力で、他者とメールの送受信やニュース・天気予報等の情報入手、視覚障害者情報総合システム「サピエ」にアクセスして読みたい本の点訳データをダウンロードして読む等、多くの盲ろう者が日常生活において、機器を有効に活用できるようになっています。

　ここで紹介した「盲ろう者向けパソコン指導者研修会」、「コミュニケーション訓練個別訪問指導」は、パイロット的事業として、独立行政法人福祉医療機構から助成を受け、2013年度まで実施し、2015年度からは新たに厚生労働省からの委託事業「情報機器活用訓練促進事業」として現在まで継続しています。

◎今後の課題

　情報機器は、技術の進歩に伴い、機器・ソフトウエアともに進化していきます。言い換えますと、これまで利用できていた情報機器環境が、ある時から利用できなくなってしまうということにもなります。せっかくメールの送受信ができていた盲ろう者が、機器やソフトウエアの陳腐化により、それが利用できなくなるケースもあります。具体例としては、Windowsのバージョンアップが進む一方で、過去のバージョンのサポート終了などが、これに当たります。このような状況の変化に対して、それまでの操作性が変わらず、スムーズに新機種等に乗り換えられると良いのですが、必ずしもそううまくいくわけではありません。今ま

で使いなれていた環境から新しい環境に慣れるためには、改めて一定の訓練が必要となるケースも少なくありません。そのようなことを考えますと、訓練が終了したあとでも、新しい環境に乗り換える必要が出た場合には、継続的な支援が必要となります。そのため、指導者養成研修においても、機器・ソフトウエアの環境変化に合わせて、指導者・サポーターのスキルアップが重要になります。

　盲ろう者が情報機器を利用できるようになることは、大変有意義であり、また職業開拓にもつながる重要な分野ですので、当協会としても引き続き力を入れて取り組むべき課題と認識しています。

5 国際関係

世界の盲ろう者を知る

　国際協力推進事業は、正式には2003年4月より、厚生労働省の委託事業として始まりました。事業の目的を、「調査員を世界盲ろう者連盟加盟国等へ派遣し、それらの国における盲ろう者福祉に関する施策の実施状況等について実地に調査し、世界各国の盲ろう者および盲ろう者関係団体等に必要な情報を提供することにより、盲ろう者をはじめ盲ろう者関係団体等の協力関係の構築および活動の強化を図ること」と定めています。

　国際的な活動としては、当協会設立前から、世界における盲ろう者の状況を調査するという観点から、福島智と小島純郎等を中心に始められています。

　1989年9月スウェーデンにて開催された第4回ヘレン・ケラー世界会議に、日本から小島、福島、三科聡子氏の3名が参加した報告が、『コミュニカ』2号に掲載されています。この中で、スウェーデンにおける盲ろう者向け通訳者の派遣制度の存在や、スウェーデンやアメリカでのIT機器を活用した点字電話等の記載があります。

　アメリカではIT機器を活用してコンピューターアナライザーとして仕事をする盲ろう者と出会う等のほか、福島は、指点字についての講演を行い、海外の盲ろう者、関係者からも高い評価が得られました。また、指点字、ブリスタを使って、英語を主として各国の盲ろう者と交流した様子が報告されています。

　翌年の1990年6月には、福島、小島、塩谷をはじめ、当時ワシントンのギャローデット大学に留学中の門川紳一郎も加わり、総勢17名で第15回全米盲ろう者大会に参加しています。盲ろう者が200名、支援者等合わせると500名、そして海外からも100名程度の参加があったと

記録されています。福島と門川は、これより前の全米大会にも参加しています。このときの経験から、翌年1991年の夏から日本でも全国盲ろう者大会を開催しようという機運が高まりました。

　その後もヘレン・ケラー世界会議は原則として４年おきに開催されており、1993年イタリア、1997年コロンビア、2001年ニュージーランド、2005年フィンランド、2009年ウガンダ、2013年フィリピン、2018年スペインと、いずれも日本から参加しています。また、2001年のニュージーランドでの世界会議では、ここで世界盲ろう者連盟が設立され、福島がアジア地域代表となり、その後2022年９月まで代表を務めています。また、2013年のフィリピンでの会議においては、世界盲ろう者連盟事務局長に当協会評議員の福田暁子氏が選出され、次回2018年スペイン会議までの５年間事務局長を務めました。

　この世界会議において一つ記しておかなければならないのは、2009年にウガンダで開催された世界会議において、次の2013年には、この世界会議を日本で開催することが決定していたということです。これを受けて、当協会でも開催に向けた準備を進めていたのですが、2011年３月に起きた東日本大震災の影響により、2013年の開催を見送ることとし、同じアジアであるフィリピンでの開催となった経緯があります。あの当時、未曽有の大震災だったため、開催に必要な財源の確保が難しいと予想されたこと、また、福島原発のメルトダウンの報道のため、海外の参加者から多くの不安の声が寄せられたこと、この二つが見送ることにした大きな要因と言えます。

　また、他方、主に盲ろう児教育の関係者等で作る国際組織であるＤｂＩ（盲ろうインターナショナル）の会議にも日本から参加し、情報収集、日本の状況を発信する活動も続けてきています。2003年カナダ、2007年オーストラリア、2015年ルーマニア、2019年オーストラリアで開催された世界会議、及び2006年にはバングラデシュで開催されたアジア会議にも出席しています。

このような国際会議への出席のみならず、2004年にスウェーデン、アメリカ、2005年にオーストラリアへ、盲ろう者関連施設の調査のために出向いています。特に、アメリカではニューヨークにあるヘレン・ケラー・ナショナルセンターを視察し、そこで提供されている盲ろう者への生活訓練、職業訓練等についての調査を行い、報告書にまとめています。

世界の盲ろう者を支援する

　海外の情報収集のみならず、本来の意味での国際協力活動にも注力しています。世界に目を向けると、北米、南米、ヨーロッパ、アフリカでは、その地域ごとに各国の盲ろう者団体のネットワークがすでに存在しています。

　しかし、アジアにおけるネットワークは、現在も正式にできているとは言えません。理由としては、アジア各国ではまだ盲ろう者の存在自体が認識されていない、もしくは当事者団体または支援団体すらない国が多いということがあります。

　これらの状況に鑑み、国際協力活動として、各国を訪問することで、盲ろう当事者のエンパワメントにつなげるとともに、また盲ろう者の啓発、通訳・介助員の養成の必要性とノウハウ等を伝える活動を続けています。

　これまでに、韓国、ネパール、香港、シンガポール、マレーシアに当協会から調査員等を派遣し、ウガンダにもJICAのプロジェクトに協力して調査員を派遣しています。その他にも、日本を訪問する海外の盲ろう関係者との対話等もしばしばあり、これまで、スウェーデン、エクアドル、フィリピン、韓国、タイ、ロシア等、関係者との情報交換等を行ってきました。

　アジアにおける盲ろう者団体のネットワーク作りを促進させるために、公益財団法人日本財団の助成のもと、2018年から5カ年計画で「アジア盲ろう者団体ネットワーク構築事業」をスタートさせました。これにより2018年には、8月に千葉県の幕張メッセで開催した全国盲ろう者大会と同時並行で、韓国、インド、ネパール、マレーシア、シンガポール、ウガンダ、タイから盲ろう者もしくは関係者を招聘し、「第1回アジア盲ろう者団体ネットワーク会議」を開催することができました。この会議では各国における盲ろう者の状況及びその国での盲ろう者の置かれている状況などを共有することができ、それは、今後アジアにおける

ネットワーク作りのキックオフミーティングと位置付けることができた有意義な会議となりました。

　これを受けて、2018年から5カ年の間に、アジア会議を重ね、アジア地区における盲ろう者団体のネットワークの基礎固めをする予定でしたが、残念ながら、2020年初頭からの新型コロナウイルス感染症の猛威により、国際会議の開催のみならず、他国との行き来も叶わない時期が、あしかけ4年継続したこともあり、この取り組みは中断している現状です。

　このような国際関係の事業を通じて、世界における各国の盲ろう者の状況を知り得たことは、日本における盲ろう者福祉のあり方に少なからず良い影響を与えたと思います。また、日本における盲ろう者の状況を発信することで、各国、特にアジア諸国においては、今後の盲ろう者福祉のあり方を示唆する一助になっていると思います。たとえば、盲ろう当事者が、通訳・介助員の支援を受けながら、海外に出向き、そこで暮らす盲ろう者と相対したとき、どれほどのエンパワメントになるかは想像を超えるものだと確信します。日本での盲ろう者福祉の増進のためにも、また諸外国での盲ろう者の活動が活性化されるよう、今後も本事業を続けていきたいと考えています。

国際協力（海外渡航記録）

年度	渡航先	渡航年月日	内容
2003 (平成15)	カナダ	2003年8月5日～8月10日	第13回ＤｂＩ（盲ろうインターナショナル）世界会議
	スウェーデン	2004年1月11日～1月19日	実態調査
2004 (平成16)	アメリカ	2004年9月30日～10月1日	ヘレンケラーナショナルセンター訪問
	オーストラリア	2005年3月2日～3月3日	ビクトリア盲ろう協会訪問（スペクトラムデイサービス等）
2005 (平成17)	フィンランド	2005年6月2日	ＷＦＤｂ（世界盲ろう者連盟）役員会
		2005年6月3日～5日	第8回ヘレン・ケラー世界会議
		2005年6月5日～7日	第2回ＷＦＤｂ総会
	バングラデシュ	2006年1月29日～1月31日	第2回ＤｂＩアジア会議
2006 (平成18)	アメリカ	2006年8月22日～8月24日	第8回アドホック（特別）委員会（国連ニューヨーク本部）
		2006年12月13日	第61回国連総会で「障害者の権利条約」採択（傍聴）
	韓国	2007年3月14日～3月16日	韓国保険福祉部・ナザレ大学・ソウル盲学校・韓国ろうあ者協会等訪問
			「韓国の盲ろう者の自立＆支援会」発足式出席
2007 (平成19)	タイ	2007年9月19日～9月21日	2003年～2012年アジア太平洋障害者の十年中間評価ハイレベル政府間会合
	オーストラリア	2007年9月25日～9月30日	第14回ＤｂＩ世界会議
	バングラデシュ	2008年2月27日～2月29日	第3回アジア太平洋障害フォーラム総会・会議
2008 (平成20)	ネパール	2009年3月3日～3月9日	海外調査　ネパール・日本盲ろう国際セミナー等
2009 (平成21)	ウガンダ	2009年10月22日～10月25日	第9回ヘレン・ケラー世界会議
		2009年10月26日～10月27日	第3回ＷＦＤｂ総会
	アメリカ	2010年3月22日～3月23日	ヘレンケラーナショナルセンター訪問
2010 (平成22)	香港	2011年1月18日～1月22日	海外調査　香港盲人協会視察等

年度	渡航先	渡航年月日	内容
2011（平成23）	ブラジル	2011年9月22日～9月30日	WFDb役員会、第15回DbI世界会議
	フィリピン	2011年11月4日～11月11日	第10回ヘレン・ケラー世界会議の会議候補地調査
2012（平成24）	韓国	2012年10月23日～11月3日	海外調査 障害者インターナショナルアジア太平洋ブロック会議、アジア太平洋障害者フォーラム会議等
	フィリピン	2012年11月12日～11月18日	第10回ヘレン・ケラー世界会議の会議開催地調査
2013（平成25）	タイ	2013年5月14日～5月17日	「更なる歩みへ：2015年以降の障害者インクルーシブな開発についてアジア・太平洋地域会合」（タイ政府主催）
	ウズベキスタン	2013年10月4日～10月12日	JICA（独立行政法人 国際協力機構）盲ろう者支援プロジェクト
	フィリピン	2013年11月5日～11月13日	第4回ヘレン・ケラー世界会議および第10回WFDb総会
2014（平成26）	タイ	2014年6月22日～6月24日	「第6回アジア防災閣僚級会議、障害のある人および障害者団体によるステークホルダー予備協議」
		2014年10月30日～11月4日	WFDb役員会 出席、タイ盲人協会会長との会談
	アメリカ	2014年12月2日	ヘレンケラーナショナルセンター訪問
		2014年12月3日	2014年国連障害者デー、国連本部、イベントパネルディスカッション出席
	インド	2015年3月1日～3月4日	「アジア太平洋障害者の十年（2013-2022）」ワーキンググループ第2セッション
2015（平成27）	ルーマニア	2015年5月23日～5月28日	WFDb役員会 出席、第16回DbI世界会議参加
	中国	2015年12月15日～12月17日	UNESCAP/CDPF主催「Information for All：知識・情報・コミュニケーションへのアクセシビリティに関するワークショップ」
	マレーシア	2016年1月28日～1月31日	マレーシア視覚障害者協議会 セントニコラスホーム・盲ろう児および盲重複障害児教育センター、ペナンろう者協会 訪問・盲ろうの啓発のための公開セミナー、盲ろう者支援・エンパワメントのためのワークショップおよび支援者養成 共催
	タイ	2016年3月2日～3月4日	「アジア太平洋障害者の十年（2013-2022）」ワーキンググループ第3セッション

年度	渡航先	渡航年月日	内容
2016 (平成28)	レソト	2016年12月19日〜12月21日	レソト王国での、盲ろう者の状況調査、盲ろう者支援プロジェクトの事前調査
	タイ	2017年3月1日〜2日	「アジア太平洋障害者の十年（2013-2022)」ワーキンググループ第4セッション
	シンガポール	2017年3月4日〜3月7日	盲ろう啓発トーク共催、シンガポールろう協会、DisabledPeoples' Association、シンガポール視覚障害者協会訪問、通訳・介助員養成講座（導入）、VWO及び政府機関との盲ろう者支援体制作りのためのネットワーク形成に向けて—ステークホルダーミーティング—、福祉機器視察及び意見交換等
2017 (平成29)	スイス	2017年9月13日〜9月14日	「盲ろう者の状況と権利に関するグローバル・レポート」をテーマとした技術会議
2018 (平成30)	スペイン	2018年6月19日〜6月27日	第11回ヘレン・ケラー世界会議及び第5回WFDb総会
	フィリピン	2018年8月8日〜8月10日	フィリピン盲ろう者支援協会と共に、盲ろう児・者、家族、障害関係団体との対話の実施、盲ろうについての啓発セミナー、及び特別支援教育職員むけのミニ講座開催
2019 (令和元)	韓国	2019年4月2日〜6日	「韓国盲ろう者大会」訪問
	オーストラリア	2019年8月10日〜17日	DbI第17回世界会議参加
	タイ	2019年10月25日〜11月1日	タイ北部盲学校等の訪問、及び盲ろう啓発セミナー、盲ろう児の家族と教員との意見交換
2022 (令和4)	スイス	2022年8月22日〜8月23日	障害者権利条約の日本審査
2023 (令和5)	カナダ	2023年7月22日〜7月28日	DbI第18回世界会議参加

6 「日本版ヘレン・ケラー・ナショナルセンター」開設に向けて

　協会設立前の1988年12月に「新しい盲ろう者の会設立準備会」が発足した時点から「センター建設」という目標が掲げられています。つまり、「日本版ヘレン・ケラー・ナショナルセンター（仮称）」（以下、ナショナルセンター）の開設は協会設立以来の悲願と言えます。

　初代理事長の小島純郎は、1996年発行の『協会だより』の「ごあいさつ」の記事の中で、「盲ろう者の憩いの家」について、次のように夢を語っています。

　風光明媚なとある海浜に質素だが頑丈そうな建物がたっています。近づいてみると入口に、おや、今度は思わず両眼をこすりたくなりました、そこには墨痕淋漓（ぼっこんりんり）「盲ろう者憩いの家」と読めるのです。まぼろしではありません。構内には農作業や除草に励む盲ろう者の姿が見えます。水辺にもやう小舟には「憩いの家」と記してあります。盲ろう者の数少ない楽しみの中でも楽しみの大きな釣、この舟で沖釣にも行けるのです。

　このセンターは盲ろう者が一生を過ごす施設ではありません。人生の途次疲労した盲ろう者がひととき疲れをいやす休息の場です。昨年も聴力低下進行の重荷に耐えられず自らの生命を断った盲ろう者がいました。こうしたケースはひそひそと伝えられるだけで、実数は明らかにされている人数よりも多いと思われますが、今、こうした方は、先輩の豊富な経

験に励まされ、ゆったりと精神安定を取り戻すことが可能になったのです。

新聞を読みたいが難しい言葉ばかりでよく分からない、文章を書くのも正しく書いているか自信がない、という盲ろう者のためには、いくつもの段階の国語教室が開かれています。

年令を加えても比較的体力の消費が少なくて可能なハリ、このハリ治療の免許を取得したいという多くの盲ろうマッサージ師の願いは、10年前まではたいていは、はかない夢で終わるほかはありませんでしたが、今はここに設置されたコースでゆっくりとその夢も実現することができるのです。

盲ろう者のことなら何でも分かる、何でももってこいという頼もしい相談員は、盲ろう者との豊富な接触の中でしか育ちませんが、ここはそうした盲ろう者問題のベテランが育成される学院でもあります。

『協会だより』第6号（1996年）より

このように、職業訓練や言葉の学習などの生涯教育プログラム、盲ろう者相談員（現　通訳・介助員）の養成や研修などの取り組みを行うナショナルセンターの姿が記されています。

このナショナルセンター開設に向けた取り組みとしては、2004年に、当時の理事長小村武、理事福島智等が、アメリカ・ニューヨークにある「ヘレン・ケラー・ナショナルセンター」を視察し、同センターで行われている各種事業について報告書がまとめられています。また、2010年にも、当協会職員を同センターに派遣し、視察を行っています。そして福島は、2010年10月から1年間、同センターを中心に、アメリカの関連機関、ニューヨーク州北部のロチェスター工科大学等で、盲ろう者リハビリについての調査・研究を行いました。

盲ろう者向けの生活訓練

　国内では2009年度に、厚生労働省が、学識経験者、施設経営者、盲ろう福祉関係者等の委員による「盲ろう者支援に関する勉強会」を立ち上げました。これは、当協会や全国盲ろう者団体連絡協議会の要請を受けて、全国を対象とした宿泊型の盲ろう者リハビリテーションセンターのあり方について研究する目的で立ち上げられたものです。

　この勉強会を経て、2010年度、2011年度の2年間、埼玉県所沢市にある「国立障害者リハビリテーションセンター」の施設を使って「盲ろう者宿泊型生活訓練等モデル事業」を実施しました。

　まず、事業開始に向けて2010年5月に訓練生の募集を行ったところ、全国から15名の応募者がありました。訓練期間は、2010年10月～2011年9月までとし、訓練を受けたのは8名でした。訓練内容により、短い人は約2ヶ月、長い人は約11ヶ月にわたり、コミュニケーション訓練や日常生活訓練を行いました。「盲ろう者を孤立させない訓練」を目指し、訓練時間中のみならず、余暇時間や就寝時間中も通訳・介助員、生活支援員、宿直者等を配置して行われました。事業の成果は「盲ろう者宿泊型生活訓練等モデル事業報告書」および「盲ろう者のための支援マニュアル」としてまとめられました。

　そして、2012年度からは、厚生労働省から当協会が直接委託を受け、「盲ろう者向け生活訓練等事業」を開始することとなりました。

　初年度は、地域における生活訓練のあり方を検討することを目的に、東京盲ろう者友の会の協力を得て、4名の盲ろう者を対象に、9月～12月の4か月間、一人につき約1か月間の訓練を行いました。東京都盲ろう者支援センターを拠点とし、近隣に賃貸マンションを宿舎として借り上げて、一人暮らしの生活体験プログラムや、そこから支援センターに通うことで、各種の訓練を提供しました。

　2013年度も、前年度と同様に東京都盲ろう者支援センター協力の下、支援センター及び宿舎として借り上げた賃貸マンションを利用して、2

名の盲ろう者に訓練（体験）を実施しました。具体的には、9月～12月を1期と2期に分け、各6週間の訓練を2名並行して行いました。調理・洗濯・衣類管理といった日常生活、パソコン・触手話・指点字などのコミュニケーション、白杖操作・移動介助の受け方、盲ろう講師による盲ろう者福祉の現状・福祉サービス利用についての講義やピアカウンセリングなど、さまざまな訓練（体験）を行いました。

　そして、2014年度、2015年度については、地域における盲ろう者の日中活動支援に必要な体制を検討することを目的に、「日中活動プログラム」として実施しました。簡単な作業や創作的活動ができる場所を都内（墨田区両国）に確保し、盲ろう者が自宅から通所する形で、6週間程度の日中活動を行いました。いずれの年度も6名ずつの盲ろう者を対象として実施しました。内容としては、ボールペン組み立て・友の会啓発用のポケットティッシュ作成などの生産活動に加えて、調理実習、ニュース討論、散策、盲ろう者福祉など盲ろう当事者の講演、通訳・介助員との関わり方など、訓練・学習・レクリエーションといった、さまざまなプログラムを提供しました。

　2016年度、2017年度においては、それぞれ2名の盲ろう者を対象に、3週間の宿泊型生活訓練を提供し、訓練終了後には、在住する地域での支援（訪問訓練や福祉サービスの利用の調整等）を行うこととしました。都内（墨田区両国）に借り上げた賃貸マンションの1室を利用して、平日の日中には、調理・掃除・洗濯などの家事、金銭管理や時間の把握などの身辺管理、白杖の操作や移動介助の受け方、通訳・介助員との付き合い方など、自立して生活するうえで必要なことを訓練し、それ以外の時間帯は、通訳・介助員の支援を得て、調理や掃除、洗濯、整理整頓などを盲ろう者自身が体験しながら生活してもらいました。これまでの違いとしては、訓練終了後には、それぞれの盲ろう者が在住する地域を協会職員が訪問し、自宅での調理実習、通所施設内での歩行訓練、施設職員との情報交換、地元の通訳・介助員派遣事務所との調整およびスキルアップ研修会の実施等、地元での日常生活がより良いものになるよう支援を行ったことが挙げられます。

2018年度からは、厚生労働省の新規委託事業として「盲ろう者の総合リハビリテーション・システム試行事業」という名称になり、2018年度、2019年度においては、3週間の短期宿泊型訓練と、その後の地域での支援を組み合わせたかたちの訓練を各2名の盲ろう者に提供しました。

　2020年度は、コロナ禍最初の年ということもあり、予定していた宿泊型の訓練を中止しました。2021年度からは、これまでの宿泊型から、盲ろう者の在住する地域に指導員を派遣する方式に切り替え、訪問型の生活訓練を提供することとしました。2021年度は6名、2022年度は3名、2023年度は3名の盲ろう者を対象に、自宅や最寄りの福祉施設等を利用したり、オンラインによる訓練を行いました。講師を派遣したり、一部はオンラインによって、コミュニケーション訓練、歩行訓練、日常生活において必要な技能習得等、それぞれの盲ろう者のニーズに合わせた多岐にわたる訓練を提供しました。

　なお、2022年度からは事業名の"試行"という文言が外れ、「盲ろう者の総合リハビリテーション・システム事業」となっています。

盲ろう者の総合リハビリテーション・システムの検討

　これらの取り組みと並行して、2016年度から2年計画で、厚生労働省委託事業として「盲ろう児等支援の調査・研究等事業」に取り組みました。この事業では、「盲ろう者の総合リハビリテーション・システム検討事業」並びにこれに関連して「国内外における調査事業」の2本立てで進めました。

　「盲ろう者の総合リハビリテーション・システム検討事業」においては、盲ろう児・者の特性に対応した多様な支援プログラムを提供する「日本版ヘレン・ケラー・ナショナルセンター（仮称）」と、同センターがネットワーク化をめざす全国各地の様々な社会的リソースにより構成される盲ろう者の総合リハビリテーション・システムのあり方について検討し、システムの中核となるナショナルセンターの開設に向けた基本構想を策定することを目的として行ったものです。2年をかけて、盲ろう当事者、家族、学識経験者、サービス提供事業者により構成される「盲ろう者の総合リハビリテーション・システム検討委員会（委員長　石渡(いしわた)和実(かずみ)　元東洋英和女学院大学教授）」を設置して検討を重ね、その成果として報告書を取りまとめました。

　「国内外における調査事業」においては、「盲ろうの子とその家族の会ふうわ」と「CHARGE(チャージ)の会」※の協力を得て、就学前の盲ろう児の状況と支援ニーズを把握するため、盲ろう児の保護者に対する面接調査を行うとともに、盲ろうとCHARGE症候群の子どもとその保護者への郵送調査を行いました。また、この結果を受けて多くの盲ろう児が児童発達支援事業所を利用していたことが判明したため、国内の児童発達支援事業所（約4,400か所）全てを対象として、盲ろう児の在籍状況、在籍している盲ろう児の障害やコミュニケーションの状況などについて郵送調査を実施したほか、数カ所の事業所には直接職員を派遣し、聞き取り調査を実施するなど、基礎資料とするための調査を実施しました。また、国外調査として、調査員が、アメリカの「パーキンス盲学校」と「ボス

トン・カレッジ」、イギリスの「センス（タッチベースサウスイースト）」と「デフブラインドＵＫ」の４か所を訪問して盲ろう児・者の支援の実態を調査するなどの取り組みを行いました。いずれも報告書がまとめられています。

※CHARGEの会
CHARGE（チャージ）症候群患者・家族の会。
「CHARGE症候群」とは、この疾患の特徴である６つの症状の頭文字から名づけられ、複数の症状が複合した状態をいいます。

盲ろう者の憩いの家

　以上記してきたように、海外での先行事例の調査及び、実践としては、短期ながらも宿泊型の生活訓練、通所型の日中活動の場、そして段階を経て、訓練終了後にその盲ろう者が在住する地域での支援も含めることとし、また、近年では訪問型の訓練を提供するというように、今後必要とされるであろう、さまざまなかたちを模索しながら進めてきています。

　これらの事業は、初代理事長小島純郎の夢である「盲ろう者の憩いの家」となるナショナルセンターの開設に向けた取り組みと言えます。現在の日本において、既存の施設ではそれが実現できません。たとえば、視覚障害者向けに設置されているリハビリテーション施設の場合、多くは盲ろう者のニーズである通訳・介助員の設置ができないということから、入所及び訓練の提供が断られてしまうという実態があります。通訳・介助員の設置ができなければ、施設入所ができたとしても、他者とのコミュニケーションや移動面においても孤立してしまいます。

　当協会では、盲ろう者が一定期間安心して滞在できる施設、環境整備を整えたうえで、通訳・介助員等も設置し、盲ろう者が必要とする種々の訓練を提供し、その後、地元に戻って生き生きと暮らしていける、そのような環境構築を支援できる体制づくりを目指していきます。

　全国の盲ろう者友の会等地域団体、盲ろう者支援センター、作業所等とのネットワークも活用しながら、盲ろう者のライフステージに応じた支援体制を整えることが、究極の目標であり、その中心となるのがナショナルセンターです。

　以上のように、ソフト面では多くの成果があり、ノウハウも蓄積されてきました。しかし、ナショナルセンターを建設する場所の確保や建築費用等の初期費用、開設後の運営費用等、財政面をどう手当していくのか、これらを解決できなければ、前に進めません。

　容易に解決できることではありませんが、「盲ろう者の憩いの家」の実現に向けて今後も取り組んでいきます。

盲ろう者生活訓練実施一覧（2010年度～2023年度）

開催年度	期間	主な拠点	利用者数	主な内容
2010～2011（平成22～23）	2010年10月～2011年9月	国立障害者リハビリテーションセンター	8名	2ヶ月～11ヶ月と利用者によって異なる期間 コミュニケーション訓練、日常生活訓練
2012（平成24）	2012年9月～12月	東京都盲ろう者支援センター	4名	1人につき1か月 一人暮らしの生活体験プログラムに沿った訓練
2013（平成25）	2013年9月～12月	東京都盲ろう者支援センター近隣の賃貸マンション	4名	2人1組で6週間の共同生活をする宿泊訓練 調理、家計管理、情報通信機器の操作等の日常生活訓練
2014（平成26）	2014年2月～3月	都内（墨田区）の賃貸マンション	6名	自宅から通所する形で6週間程度の日中活動 簡単な作業や創作活動
2015（平成27）	2015年11月～12月	都内（墨田区）の賃貸マンション	6名	自宅から通所する形で6週間程度の日中活動 簡単な作業や創作活動
2016（平成28）	2016年10月～12月	都内（墨田区）の賃貸マンション	2名	1人につき3週間の宿泊訓練 日常生活訓練、歩行訓練、コミュニケーション訓練 訓練終了後、各盲ろう者の地域を訪問しフォローアップ
2017（平成29）	2017年6月～8月	都内（墨田区）の賃貸マンション	2名	1人につき3週間の宿泊訓練 日常生活訓練、歩行訓練、コミュニケーション訓練 訓練終了後、各盲ろう者の地域を訪問しフォローアップ
2018（平成30）	2018年12月～2019年1月	都内（台東区）の賃貸マンション（宿泊室と訓練室の2室）	2名	1人につき3週間の宿泊訓練 日常生活訓練、歩行訓練、コミュニケーション訓練 訓練終了後、各盲ろう者の地域を訪問しフォローアップ
2019（令和元）	2019年10月～12月	都内（文京区）の賃貸マンション	2名	1人につき3週間の宿泊訓練 日常生活訓練、歩行訓練、コミュニケーション訓練 訓練終了後、各盲ろう者の地域を訪問しフォローアップ

開催年度	期間	主な拠点	利用者数	主な内容
2020（令和2）	中止			
2021（令和3）	2021年10月～2022年2月	各利用盲ろう者の居住地域（群馬、神奈川、愛知、奈良、徳島、福岡）	6名	コミュニケーション訓練、歩行訓練、日常生活に必要な技能習得等各利用者のニーズに合わせた訓練
2022（令和4）	2022年9月～2023年2月	2021年度からの継続（群馬、神奈川、愛知、奈良、福岡）、新規（愛知、大阪）の各地域	8名	コミュニケーション訓練、歩行訓練、日常生活に必要な技能習得等各利用者のニーズに合わせた訓練
2023（令和5）	2023年7月～2024年1月	2022年度からの継続（愛知、大阪）、新規（神奈川、静岡、京都）の各地域	6名	コミュニケーション訓練、歩行訓練、日常生活に必要な技能習得等各利用者のニーズに合わせた訓練

7　情報提供

　「盲ろう」という障害は、希少であるため、盲ろう当事者のみならず、盲ろう者を取り巻く支援者や地域への情報提供が極めて重要となります。この情報提供の一環として、当協会設立以来、『コミュニカ』、『協会だより』、『ニュースレター』という定期刊行物を発行しています。

　当協会では、「盲ろう者」、「通訳・介助員（旧　訪問相談員）」、「賛助（寄付）会員」という三つの会員区分があり、会員の皆さまには、定期刊行物等により情報提供をしています。また、会員のみならず、全国各地域の盲ろう者友の会等地域団体、盲ろう者向け通訳・介助員派遣事務所、各都道府県・政令指定都市・中核市の障害福祉課、視覚障害者団体、聴覚障害者団体、点字図書館、視覚・聴覚特別支援学校等幅広く送付しています。

コミュニカ

　わが国唯一の盲ろう関係専門誌『コミュニカ』は、盲ろう者が自らの自己主張の場として活用するとともに、広く社会一般に対して盲ろう者福祉について啓発する目的で、盲ろう者を始め、賛助会費やご寄付を納めてくださった会員の皆さま、各種関係団体に送付しています。

　当協会は、1991年3月に設立されましたが、『コミュニカ』創刊号は、それより半年前の1990年10月に産声を上げています。それ以来、年2回のペースで発行され、2024年3月までに68号を数えることとなります。

　創刊号では、当時、当協会設立に向けて奔走していた小島と塩谷が発刊にあたっての思いや設立に至るまでの経緯などを記しています。

　また、『コミュニカ』という冊子名については、12号まで編集責任者であった福島智が、次のように書いています。

私自身は、「コミュニケーション」を題名に取り込みたいと考えていましたが、「コミュニケ」ではサミットの共同コミュニケみたいです。
　そんな時、「コミュニケーション」の語源にあたるラテン語の「コミュニカーレ」のことを思い出しました。「コミュニカーレ」は、「共同化」、つまり、「交わり、共有しあい、共通の物を作り出す」という意味が込められているといいます。
　これは単なる「伝達」や「会話」という意味で「コミュニケーション」をとらえるよりも豊かなイメージです。そこで、このささやかな雑誌の名前を「コミュニカ」とすることにしました。
　私達も協力しながら、この雑誌を作り、そして何か大切な物を共有しあえればという願いを込めました。

　　　　　　　　　　　　　『コミュニカ』創刊号（1990年）より

　福島は12号まで「デフブラ雑感」（「デフブラインド（盲ろう者）」の略）というエッセーを連載しています。日々の出来事を盲ろう当事者としての所感を交え、ユーモアあふれるエッセーとなっています。（その後、氏の著書に収録）

　主な内容としては、盲ろう当事者の生い立ち、盲ろうになるまでの苦しみや悲痛な叫び、交流会でのふれあいや喜び、気持ちを綴った詩など、盲ろう者の生の声を中心とし、そのご家族や通訳・介助員等の支援者、盲ろう関係の施設等、多くの方々からの原稿や取材記事を掲載しています。
　さまざまなコーナーで構成している『コミュニカ』ですが、「特集」のコーナーでは、"盲ろう"を軸に据えた上で、そのときどきの硬軟織り交ぜたテーマを取り上げ、一つのテーマについて、盲ろう者、ご家族、通訳・介助員等支援者、学校の先生、関係団体の方々等、さまざまな立場からご執筆いただき、今日に至っては、多くの貴重な原稿が存在して

います。

　「協会の歩み」というコーナーは、いわば「協会の歴史」と言えるもので、本書を編纂するにおいても、貴重な資料となりました。

　『コミュニカ』は、盲ろうの皆さまをはじめとして、関係する皆さまの熱い思い、苦しみ、楽しみ、喜び、そして、当協会の30余年の歩み等々、そのようなものがたくさん詰まった宝物です。

　宝物と言えば、表紙もその一つと言えるでしょう。毎号の表紙には、盲ろう当事者をはじめとして、当協会を支えてくださる実に多くの方々にボランティアとして描いていただいた作品を採用しています。

　このように多くの方々に支えられながら、発行を重ねることができました。今後も皆さまのご協力のもと、盲ろう者の専門誌として情報発信を続けていきます。

協会だより

　当協会設立以来、基本的には年1回、夏に発行しています。歴代の理事長と理事の福島智から会員の皆さまに向けたご挨拶や、前年度の事業報告及び決算報告、当年度の事業計画、予算、役員名簿、友の会の連絡先一覧等を掲載しています。

　また、会費や寄付を納めてくださった会員の皆さまのお名前を掲載させていただいています。

　送付先としては、当協会に関係する全ての皆さまが対象となっています。

ニュースレター

　『ニュースレター』は、『協会だより』の別冊として、2006年12月に第1号を発行しました。賛助会員の皆さまに、「協会の活動を積極的にお知らせする」ことを目的に始めたもので、毎年4月と12月に、発行しています。A4サイズの4ページから多くとも8ページ程度の小冊子

ですが、そのときどきのトピック的なニュースとなるようなもの、当協会に親近感を持っていただけるようにという思いから、時には新職員や盲ろう職員からのメッセージ等も掲載しています。

　送付先は、個人・団体の賛助会員の皆さまが対象となり、当協会へのご支援を毎回お願いしているものです。

　このように、『コミュニカ』、『協会だより』、『ニュースレター』は、盲ろう者の声、当協会の取り組みを知っていただく３本柱として、皆さまとの"架け橋"となる貴重なものと考えています。引き続き、多様な盲ろう者の存在、状況、思いを届け、また、当協会の取り組みを知っていただくメディアとして、内容の充実を図りつつ、継続していきます。

『コミュニカ』特集一覧

No.	発行年月	特集タイトル
1	1990.9	創刊特集　声・こえ・コエ
2	1991.3	海外の盲ろう者会議 ―アメリカを訪ねて―
3	1991.9	盲ろう者へのインタビュー
4	1992.3	第1回全国盲ろう者大会
5	1992.9	盲ろう者座談会（①盲ろう者と日常生活　②盲ろう者と社会生活　③盲ろう者と信仰生活 大塚律子さんを囲んで）
6	1993.3	【企画】「盲導犬を盲ろう者にも？」「これだけは知っておきたい制度」
7	1993.9	地域の盲ろう者活動(1)（松本・大阪・熊本）
8	1994.3	【企画】　盲ろう者の＜声＞　〜第3回全国盲ろう者大会から
9	1994.9	地域の盲ろう者活動(2)（東京・名古屋）
10	1995.3	盲ろう者と三療業
11	1995.9	【企画】　阪神・淡路大震災と盲ろう者
12	1996.3	【企画】　仲間を訪ねて（「盲ろう者による実態調査とピアカウンセリングの試み―当事者が行う生活実態とニーズの把握」）
13	1996.9	盲ろう者のコミュニケーション法
14	1997.3	盲ろう者福祉推進をめざす各地の活動
15	1997.9	【企画】「光道園の盲ろう者」「老人ホームについてのアンケート」
16	1998.3	盲ろう者世界会議　第6回ヘレン・ケラー世界会議参加の報告
17	1998.9	【企画】「盲ろう者の一人歩き」「盲ろう者と電子メール」
18	1999.3	【企画】地域の盲ろう者福祉の展望について語り合う〜第8回全国盲ろう者大会第3分科会
19	1999.9	【企画】盲ろう者も電子メールでコミュニケーション！　盲ろう者のためのパソコン教室を終えて
20	2000.3	【企画】各地の盲ろう者友の会から
21	2000.9	【企画】知って下さい、盲ろう児の姿　〜中・四国盲ろう者大交流会から
22	2001.3	この10年を振り返って
23	2001.9	盲ろう者友の会指導者等研修会
24	2002.3	第7回ヘレン・ケラー世界会議　世界盲ろう者連盟設立総会
25	2002.9	聴導犬
26	2003.3	盲ろう者と地域住民との体験交流会
27	2003.9	各地の盲ろう者友の会活動報告
28	2004.3	私の健康法
29	2004.9	スウェーデン視察
30	2005.3	友の会活動報告
31	2005.9	第8回ヘレン・ケラー世界会議　世界盲ろう者連盟第2回総会

No.	発行年月	特集タイトル
32	2006.3	盲ろう者のコミュニケーション
33	2006.9	盲ろう者が楽しめる観光スポット
34	2007.3	CHARGE症候群
35	2007.9	働く盲ろう者
36	2008.3	盲ろう芸術家
37	2008.9	ロービジョン
38	2009.3	地域で盲ろう者が働き・活動する拠点の取り組み
39	2009.9	盲ろう者と娯楽・趣味
40	2010.3	第9回ヘレン・ケラー世界会議　世界盲ろう者連盟第3回総会
41	2010.9	情報機器で広がる世界
42	2011.3	全国盲ろう者協会　設立20周年
43	2011.9	食と健康
44	2012.3	大震災と盲ろう者
45	2012.9	災害に備えての工夫
46	2013.3	機器展示会　～盲ろう者がふれたものは？
47	2013.9	盲ろう青年、大いに語る　～私の人生と夢
48	2014.3	私のハッピータイム
49	2014.9	障害者権利条約を活かそう　～盲ろう児・者の豊かな未来のために
50	2015.3	これまでの50号、これからの50号
51	2015.9	私の夢・希望
52	2016.3	盲ろう者と結婚
53	2016.9	盲ろう者向け生活訓練を受けて
54	2017.3	私の仕事
55	2017.9	私が幸せを感じるとき
56	2018.3	盲ろう者と映画
57	2018.9	盲ろう者のグループホーム
58	2019.3	アジアの盲ろう者「第1回アジア盲ろう者団体ネットワーク会議」
59	2019.9	ご当地グルメ、おすすめ料理・工夫あれこれ
60	2020.3	スポーツを楽しむ盲ろう者
61	2020.9	盲ろう者向けの同行援護事業
62	2021.3	コロナ禍で変わった私の生活
63	2021.9	盲ろう者と情報支援機器
64	2022.3	盲ろう者と読書
65	2022.9	盲ろう者と音楽
66	2023.3	国連障害者権利委員会第1回日本審査
67	2023.9	盲ろう者の移動について考える
68	2024.3	わが町のおすすめスポット

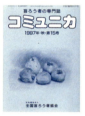

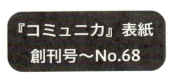

『コミュニカ』表紙 創刊号〜No.68

Part 3

資料集

Part 3-1 協会の沿革（年表）

	1991（平成3年）	1992（平成4年）
協会運営・理事会等	・社会福祉法人設立認可(3月2日) ・理事長：小島純郎 ・法人登記(3月8日)	
各事業について	・第1回全国盲ろう者大会(8月)（栃木県） ・通訳・介助者派遣事業開始(3月) ・教育方法開発委員会・機器開発委員会発足(3月)	・盲ろう者用点字電話試作機完成（機器開発委員会）(3月)
国際関係	・第2回世界盲人連合（WBU）・東アジア太平洋地域会議盲ろう部会参加(10月)	
発行冊子等	・『コミュニカ』第2号発行(3月)（創刊号は1990年10月） ・『協会だより』第1号発行(8月)	
友の会・関係団体関連	・東京盲ろう者友の会設立(4月) 昭和63年12月以来の月1回の交流会を引き継ぐ ・大阪盲ろう者友の会設立(9月) ・ふれっ手松本福祉会(兼)長野盲ろう者友の会設立(11月)	・愛知盲ろう者友の会設立(2月)
行政の動き		

※友の会は設立時の名称です。

1993（平成5年）	1994（平成6年）	1995（平成7年）
・第1回盲ろう者向け通訳・介助者養成研修会(2月) ・厚生省より「盲ろう者向け通訳者養成研修会開催事業」委託開始(4月) ・各地盲ろう者交流会についての懇談会実施(11月)	・厚生省より「盲ろう者更生相談等事業」委託追加(4月)	・盲ろう者用点字電話機改良ソフト完成(機器開発委員会)(3月)
・第5回ヘレン・ケラー世界会議（イタリア）出席(小島理事長、福島理事ほか)(9月)		
・「盲ろう教育研究紀要-1」発行(教育方法開発委員会)(3月)		・「目と耳の両方が不自由な子どもたちのために」発行(3月)
	・熊本盲ろう者夢の会設立 (4月) ・札幌盲ろう者福祉協会設立 (5月)	・香川盲ろう者友の会設立(2月) ・静岡盲ろう者友の会設立(3月) ・広島盲ろう者友の会設立(5月) ・石川盲ろう者友の会設立(10月) ・兵庫盲ろう者友の会設立(12月)
		・ブリスタが盲ろう者の点字タイプライターとして「重度身体障害者日常生活用具」の対象と認められる(10月)

	1996（平成8年）	1997（平成9年）
協会運営・理事会等		
各事業について		・盲ろう者友の会活動支援事業開始（4月）
国際関係		・第6回ヘレン・ケラー世界会議（コロンビア）出席（福島理事、門川評議員ほか）（9月）
発行冊子等	・「盲ろう者のしおり」発行（3月） ・盲ろう者実態調査報告書作成、全国都道府県（市）障害福祉課等に送付（4月）	
友の会・関係団体関連	・東京盲ろう者友の会、事務所を協会から分離し正式に独立（4月）	・岩手盲ろう者友の会設立（4月）
行政の動き	・東京盲ろう者友の会に対し、東京都より通訳・介助者派遣事業の補助開始（4月） ・大阪市、盲ろう者ガイド・コミュニケータ派遣事業開始（12月）	

1998（平成10年）	1999（平成11年）	2000（平成12年）
	・「盲ろう者向け通訳・介助員公費派遣事業」に関する要望書を厚生労働省に提出（9月）し、翌年4月から開始	・盲ろう者用情報提供基盤整備事業として、パソコン・点字ディスプレイ・ブリスタ等を各友の会・準備会に貸与（3月） ・第1回盲ろう者向け通訳ボランティア全国研修会（8月）
・「盲ろう者のしおり1998」作成（3月）		・小冊子「介護保険と盲ろう者Q＆A」発行（3月）
・栃木盲ろう者友の会「ひばり」設立（4月） ・秋田盲ろう者友の会「もろこし」設立（5月） ・山口盲ろう者友の会設立（10月）	・神奈川盲ろう者ゆりの会設立（5月） ・えひめ盲ろう者友の会設立（10月） ・視聴覚二重障害者福祉センター「すまいる」設立（1月）	・群馬盲ろう者つるの会設立（4月） ・岐阜盲ろう者友の会設立（4月） ・福島盲ろう者友の会設立（5月） ・徳島盲ろう者友の会設立（5月）
	・点字ディスプレイが盲ろう者（原則として視覚2級以上かつ聴覚2級）の日常生活用具として認められる（4月）	・厚生省、盲ろう者向け通訳・介助員派遣試行事業及び盲ろう者通訳・ガイドヘルパー養成・研修事業開始（4月）

	2001（平成13年）	2002（平成14年）
協会運営・理事会等		・協会事務所を新宿区西早稲田から千代田区神田神保町へ移転（12月）
各事業について	・第1回盲ろう者友の会指導者研修会（2月）	・第1回盲ろう者と地域住民との体験交流会（第12回全国盲ろう者大会）（8月）
国際関係	・第7回ヘレン・ケラー世界会議及び世界盲ろう者連盟（WFDb）設立総会（ニュージーランド）出席（福島理事、門川理事ほか）（10月）日本を代表する組織として全国盲ろう者協会が世界盲ろう者連盟加盟。福島理事が世界盲ろう者連盟のアジア地域代表に選ばれる	
発行冊子等		
友の会・関係団体関連	・しが盲ろう者友の会設立（7月） ・岡山盲ろう者友の会設立（9月）	・福岡盲ろう者友の会設立（4月） ・長崎盲ろう者友の会「あかり」設立（5月） ・全国盲ろう者団体連絡協議会設立準備委員会発足（6月） ・埼玉盲ろう者友の会設立（11月）
行政の動き		

2003（平成15年）	2004（平成16年）	2005（平成17年）
	・小村武理事長就任（3月） ・小島純郎会長（前理事長）逝去（10月） ・小島前理事長お別れの会（11月）	・新潟中越地震義援金、全国の友の会・個人より418,338円集まる（1月） ・盲ろう職員2名、全盲職員1名採用（4月） ・障害者自立支援法に関連して厚生労働省担当官や大臣交渉を行う
・「盲ろう者向け通訳ボランティア全国研修会」を「盲ろう者向け通訳・介助者現任研修会」と改称して開催（12月）	・「盲ろう者友の会指導等研修会」を「盲ろう者地域団体指導者等研修会」と改称して開催（1月）	
・厚生労働省より「盲ろう者国際協力推進事業」委託開始（4月） ・第13回盲ろうインターナショナル（DbI）世界会議（カナダ）参加（8月）	・スウェーデン実態調査団派遣（1月） ・アメリカヘレン・ケラーナショナルセンター視察（小村理事長、福島理事ほか）（9月）	・オーストラリア調査（3月） ・第8回ヘレン・ケラー世界会議、第2回WFDb総会（フィンランド）出席（6月）
・「盲ろう者の自立と社会参加体験事例集」発行（3月） ・「盲ろう者向け通訳・介助技術マニュアル」発行（3月）		
・京都盲ろう者ほほえみの会設立（4月） ・全国盲ろう教育研究会設立（7月） ・盲ろうの子とその家族の会「ふうわ」設立（8月）	・山形盲ろう者友の会設立（4月） ・新潟盲ろう者友の会設立（5月） ・和歌山盲ろう者友の会設立（10月） ・千葉盲ろう者友の会設立（11月）	・しまね盲ろう者友の会設立（12月）

	2006（平成18年）	2007（平成19年）
協会運営・理事会等	・コミュニケーションネーム「～日本のヘレン・ケラーを支援する会～」採用(5月) ・国連「障害者の権利条約」に関する第8回特別委員会に傍聴参加(8月) ・第61回国連総会にて「障害者の権利条約」採択、傍聴参加(12月)	・阪田雅裕理事長が就任(3月)
各事業について		・第1回コーディネーター養成研修会(2月) ・盲ろう者地域活動活性化事業(地域利用券交付事業)開始(4月) ・第1回盲ろう者向けパソコン指導者養成研修会(11月)
国際関係	・第2回DbIアジア会議（バングラデシュ）参加(1月)	・韓国調査(3月) ・第14回DbI世界会議（オーストラリア）出席(9月)
発行冊子等	・「盲ろう者生活実態調査」報告書配布(3月) ・『ニュースレター』第1号発行(12月)	
友の会・関係団体関連	・全国盲ろう者団体連絡協議会設立(8月) ・沖縄盲ろう者友の会設立(8月)	・三重盲ろう者きらりの会設立(7月)
行政の動き	・障害者自立支援法に基づき、盲ろう者通訳・介助員養成・研修事業及び盲ろう者向け通訳・介助員派遣事業が、都道府県地域生活支援事業として位置づけられる(10月)	

2008（平成20年）	2009（平成21年）	2010（平成22年）
・通訳・介助者派遣事業を平成20年度限りで打ち切りと決定、全国に通知(3月) ・全国盲ろう者団体連絡協議会と共同で、文部科学省へ障害者権利条約政府仮訳に対する要望書提出(11月)		
・「盲ろう者地域団体指導者等研修会」を「全国盲ろう者団体代表者会議」と改称して開催(11月) ・「コーディネーター養成研修会」を「全国コーディネーター連絡会」と改称して開催(11月)	・コミュニケーション訓練個別訪問指導開始(4月) ・全国盲ろう者地域団体ブロック会議開催事業開始(4月) ・盲ろう者情報提供機器整備事業を実施。全国の友の会等地域団体へパソコン、点字ディスプレイ、点字プリンター等を貸与(11月)	・全国盲ろう者体験文コンクール 第1回作品募集開始(6月) ・国立身体障害者リハビリテーションセンターにおいて「盲ろう者宿泊型生活訓練等モデル事業」協力(4月)
・第3回アジア太平洋障害フォーラム(APDF)総会(バングラデシュ)に参加、アジア地域の盲ろう者の実情について情報収集(2月)	・ネパール調査(3月) ・第9回ヘレン・ケラー世界会議及び第3回WFDb総会(ウガンダ)出席(2013年日本開催が決まる)(10月)	・アメリカ ヘレン・ケラーナショナルセンター視察(3月)
・『盲ろう者への通訳・介助 ―「光」と「音」を伝えるための方法と技術』発行(3月) ・啓発パンフレット「目と耳の両方に不自由を感じている方(盲ろう者)への理解のために」発行(3月) ・「盲ろう者向けパソコン指導マニュアル 平成19年度版」発行(3月) ・「盲ろうのしおり2008年版」発行(3月)		
・みやぎ盲ろう児・者友の会設立(5月) ・ながの盲ろう者りんごの会設立(11月) ・全国盲ろう者団体連絡協議会が、厚生労働省へ第18回全国盲ろう者大会第1分科会「盲ろう者の生の声を聞く」を受けた要望書提出(12月) ・茨城盲ろう者友の会設立(12月)	・奈良盲ろう者友の会「やまとの輪」設立(2月) ・宮崎盲ろう者友の会設立(4月) ・大分盲ろう者友の会設立(4月) ・富山盲ろう者友の会設立(6月) ・東京都盲ろう支援センター開設(5月)	
・厚生労働省、全国の盲ろう者数推定2万2千人と発表(3月)	・厚生労働省、第1回盲ろう者支援に関する勉強会開催(9月)。以後、年度中に4回の勉強会を開催 ・全都道府県で地域生活支援事業・盲ろう者向け通訳・介助員派遣事業実施(4月)	・内閣府による「障がい者制度改革推進会議」開始(門川評議員、福島理事がオブザーバー就任) ・「障がい者制度改革推進会議」の「総合福祉部会」渡井評議員が構成員として参加(7月)

	2011（平成23年）	2012（平成24年）
協会運営・理事会等	・事務所を千代田区神田神保町から新宿区早稲田町に移転（8月） ・小村会長、阪田理事長、塩谷事務局長が天皇・皇后両陛下にご進講（9月） ・東日本大震災義援金、全国の友の会・個人より320万円集まる	
各事業について	・東日本大震災を受け、全国盲ろう者大会、2013年世界会議日本開催を中止（4月） ・「盲ろう者向け通訳・介助員養成研修会」を「盲ろう者向け通訳・介助員養成のためのモデル研修会」と改称して開催（10月） ・第1回全国盲ろう者団体ニューリーダー育成研修会（12月）	・「盲ろう者向け生活訓練等事業」開始（9月〜12月）
国際関係	・香港 調査（1月） ・韓国の特殊教育視察団と懇談（7月） ・ブラジル訪問（WFDb役員会）（9月） ・フィリピン 調査（11月）	・韓国調査（10月） ・クリスター・ニルソン氏（スウェーデン盲ろう者協会国際担当・WFDb役員）来日、講演会開催（11月） ・フィリピン訪問（日本開催中止に伴う世界会議開催準備）（11月）
発行冊子等		
友の会・関係団体関連	・高知盲ろう者友の会設立（5月）	・山梨盲ろう者友の会設立（5月）
行政の動き	・日本盲ろう教育検討会が文部科学省へ要望書を提出。盲ろう教育の充実について。（8月）	

2013（平成25年）	2014（平成26年）	2015（平成27年）
・「盲ろう者に関する実態調査」及び「盲ろう者向け通訳・介助員養成カリキュラムの内容に関する調査」報告書作成並びに「標準養成カリキュラム」を厚生労働省に提言(3月)		・厚生労働省より「情報機器活用訓練等促進事業」委託開始(4月) ・「盲ろう者向け通訳・介助員養成のためのモデル研修会」を「盲ろう者向け通訳・介助員養成講習会指導者養成研修会」と改称して開催(10月)
・タイ派遣（障害者インクルーシブ開発課題に関するアジア太平洋地域協議）(5月) ・ウズベキスタン派遣（国際協力機構による盲ろう者支援プロジェクトに協力）(10月) ・第10回ヘレン・ケラー世界会議及び第4回WFDb総会（フィリピン）出席。福田暁子氏がWFDb事務局長就任、福島理事がアジア地域代表委員再任(11月)	・ロシアからの視察団、APCDとの情報交換会(10月) ・WFDb役員会開催（タイにて。連盟事務局長福田暁子氏、アジア地域代表福島智理事が出席）(10月)	・WFDb副会長ソニア・マルガリータ氏が当協会を表敬訪問(3月) ・WFDb役員会及び第16回DbI世界会議（ルーマニア）出席(5月)
・鹿児島県盲ろう者友の会いぶき設立(3月)	・佐賀盲ろう者友の会設立(4月) ・鳥取盲ろう者友の会設立(4月)	
・「障害者総合支援法」施行に伴い、「盲ろう者向け通訳・介助員派遣事業」及び「同養成事業」が、都道府県（政令指定都市・中核市含む）の地域生活支援事業の必須事業となる(4月) ・国会で「障害者の権利に関する条約」の批准の承認について全会一致で採択(12月)		

	2016（平成28年）	2017（平成29年）
協会運営・理事会等		・真砂靖理事長就任(3月) ・熊本地震義援金、全国の友の会・個人より609,824円集まる ・アメリカ・ボストンのパーキンス盲学校での盲ろう教育研修に職員派遣(2017年9月〜2018年5月)
各事業について	・日本版ヘレン・ケラーナショナルセンターの設立に向けた検討開始(4月) ・障害福祉サービスにおける意思疎通支援困難者に対するサービスの実態に関する研究事業(4月) ・「盲ろう児等支援調査・研究等事業」開始(4月)	・厚生労働省委託「盲ろう者向け通訳・介助員制度の施行準備事業」開始(4月)
国際関係	・マレーシア盲ろう者支援プロジェクト実施(1月) ・フィリピン盲ろう者支援協会が訪問(4月) ・パーキンス盲学校(ボストン)、センス・インターナショナル(ロンドン)で海外調査(9月)	・シンガポール盲ろう者支援プロジェクト実施(3月) ・第13回CHARGE(チャージ)国際会議(アメリカ)に職員を派遣(7月) ・スイス・ジュネーブ派遣(盲ろう者の状況と人権に関するグローバルレポート作成に向けた実務者会議)(9月)
発行冊子等	・「盲ろう者向け通訳・介助員養成講習会指導者のための手引書」作成(3月)	・ドキュメンタリー映画『もうろうをいきる』完成(6月)
友の会・関係団体関連	・鳥取県盲ろう者支援センター開設(4月) ・福井盲ろう者友の会設立(6月) ・ひょうご盲ろう者支援センター開設(9月)	・青森盲ろう者支援会(友の会準備会)発足(5月) ・盲ろう者専用のグループホーム「すまいるレジデンス(for the DeafBlind(ミッキーハウス)」開所(3月)
行政の動き		

2018（平成30年）	2019（平成31年・令和元年）	2020（令和2年）
・盲ろう者のリハビリテーション・システム試行事業開始(4月) ・日本財団助成5ヶ年計画による「アジアにおける盲ろう者団体ネットワーク構築事業」開始(4月) ・盲ろう者関係図書刊行事業「盲ろう者・福島智の著書を世界へ届けたい」クラウドファンディング実施(8月)	・盲ろう者向けの同行援護事業に関する全国説明会実施（2月） ・盲ろう者国際協力人材育成研修会（3月） ・日本財団助成3ヶ年計画による盲ろう児者の医療アクセスと医療連携を支えるネットワークの構築事業開始(4月)	・第29回全国盲ろう者大会中止（新型コロナウイルス感染拡大のため）
・第11回ヘレン・ケラー世界会議及び第5回WFDb総会（スペイン）出席(6月) ・フィリピン盲ろう者支援プロジェクト実施(8月) ・第1回アジア盲ろう者団体ネットワーク会議(日本、全国盲ろう者大会と同時開催)(8月)	・韓国派遣(韓国盲ろう者大会)（4月） ・第17回DbI世界会議（オーストラリア）に出席（8月） ・盲ろう児・者支援のためタイ・チェンマイに盲ろう者2名を派遣(10月)	
	・特定非営利活動法人全国盲ろう児教育・支援協会発足（4月） ・神奈川県盲ろう者支援センター開設（9月）	・滋賀県盲ろう者支援センター開設(6月)
・盲ろう者向け同行援護事業（仮称）開始（4月）	・視覚障害者等の読書環境の整備の推進に関する法律が成立(6月)	

	2021（令和3年）	2022（令和4年）
協会運営・理事会等		
各事業について	・全国盲ろう者団体ニューリーダー等オンライン会議体験会」を開催（1月） ・「盲ろう者向け通訳・介助員養成講習会指導者研修会」をオンラインで開催（1月～2月） ・「盲ろう者向け情報機器指導者養成研修会」をオンラインで開催（3月） ・日本民間公益活動連携機構の助成により「盲ろう者の地域団体の創業支援事業」として、友の会が同行援護事業所を開設するための支援を開始（11月）	・こくみん共済COOP（全労済）の助成により「遮光眼鏡に関する講習会の実施事業」を開始（9月）
国際関係		・スイス・ジュネーブ派遣（障害者権利条約の日本審査）（8月）
発行冊子等		
友の会・関係団体関連		・NPO法人全国盲ろう児教育・支援協会が、「学齢盲ろう児の学習と教育の内容と方法が卒後の盲ろう児の生活に与える影響に関する研究」成果報告書（文部科学省委託　令和3年度特別支援教育に関する実践研究充実事業）を作成（3月）
行政の動き		

2023（令和5年）

- 厚生労働省委託「福祉・医療・教育分野等連携事業」を開始(4月)
- 全国盲ろう者オンライン交流・体験会開催(8月)

- 第18回DbI世界会議（カナダ）に出席(7月)

- こくみん共済COOP（全労済）、教職員共済生活協同組合の助成により盲ろう者の啓発パンフレット『盲ろう者について知っていますか？』を作成(4月)

- 千葉県盲ろう者支援センター開設(4月)

Part 3-2 表彰等一覧

年月	内容
1993.10	理事長 小島純郎、第1回「ヘレンケラー・サリバン賞」(東京ヘレン・ケラー協会制定)
1994.12	理事長 小島純郎、厚生大臣表彰(身体障害者社会参加促進功労者)
1996.4	理事 福島智、第30回「吉川英治文化賞」(ご母堂福島令子さんと共同受賞)
1996.10	理事 福島智、第33回「点字毎日文化賞」
1997.12	理事長 小島純郎、内閣総理大臣表彰 (「アジア太平洋障害者の十年(1993〜2002年)」中間年記念障害者関係功労者)
1998.10	全国盲ろう者協会、第50回「保健文化賞」(第一生命保険相互会社)
2002.12	理事 福島智、内閣総理大臣表彰 (「アジア太平洋障害者の十年(1993〜2002)」最終年記念障害者関係功労者)
2004.12	理事 山岸康子、厚生労働大臣表彰
2006.9	理事 福島智、第24回「鳥居賞」
2012.11	前事務局長 塩谷治、第49回「点字毎日文化賞」
2012.12	全国盲ろう者協会、内閣総理大臣表彰 (「アジア太平洋障害者の十年(2003〜2012年)」最終年記念障害者関係功労者)
2013.3	理事 福島智、第9回「ヘルシー・ソサエティ賞(教育者部門)」(公益社団法人日本看護協会、ジョンソン・エンド・ジョンソングループ日本法人各社)
2013.4	全国盲ろう者協会、東日本大震災における被災者の支援活動に対して厚生労働大臣より感謝状を授与

年月	内容
2014.7	全国盲ろう者協会　国際協力推進委員 福田暁子、第10回「中曽根康弘賞(奨励賞)」
2014.10	全国盲ろう者協会・国際協力推進委員 福田暁子・職員 村岡美和の三者、第10回「ＪＩＣＡ理事長表彰」

（肩書きは、表彰時のもの）

Part 3-3 各種報告書等一覧

事業名等	書名	発行	備考
実態調査	平成16/17年度 盲ろう者生活実態調査報告書	2006（平成18）年3月	
	平成24年度 盲ろう者に関する実態調査報告書	2013（平成25）年3月	※
	児童発達支援における盲ろう児の実態に関する調査報告書	2018（平成30）年4月	※
	「盲ろう者向け通訳・介助員派遣事業」 「盲ろう者向け通訳・介助員養成研修事業」 実態調査報告書	2015（平成27）年〜毎年	※
養成研修	盲ろう者向け通訳・介助員養成講習会 指導者のための手引書	2016（平成28）年3月	※
情報機器	平成19年度 盲ろう者向けパソコン指導マニュアル	2008（平成20）年2月	※
	平成25年版 盲ろう者コミュニケーション訓練促進事業報告書	2014（平成26）年3月	※
	平成25年度 盲ろう者向けパソコン指導マニュアル ―Windows 8 編―	2014（平成26）年3月	※
	ブレイルセンスポラリス指導者向け操作マニュアル	2021（令和3）年3月	※
国際関係	ヘレンケラーナショナルセンター調査報告書	2004（平成16）年	
	盲ろう者国際協力推進事業海外調査報告書	2013（平成25）年〜 2020（令和2）年	※
	盲ろう児等支援調査・研究事業 盲ろう関係施設・機関海外調査報告書	2016（平成28）年	
	盲ろう者の総合リハビリテーション・システム検討委員会報告書	2019（令和元）年	
生活訓練	盲ろう者宿泊型生活訓練等モデル事業報告書	2012（平成24）年4月	
	盲ろう者のための支援マニュアル	2012（平成24）年4月	

事業名等	書名	発行	備考
その他	盲ろう者の同行援護 「盲ろう者向け同行援護」と通訳・介助員派遣の活用のために	2020(令和2)年3月	※
	盲ろう者について知っていますか？ Deafblind　Life	2023(令和5)年5月	※

上記備考欄に※のあるものは全国盲ろう者協会HP「資料データベース」よりダウンロードできます
https://www.jdba.or.jp/db/db2/index.html

Part 3-4 盲ろう関連書籍紹介

『愛と光への旅 ── ヘレン・ケラーとアン・サリヴァン』
ジョゼフ・P・ラッシュ 著　中村妙子 訳　1982　新潮社

　流れる冷たい水を片手の手のひらに受け、もう片方の手にwaterと綴られ、全ての物には名前があるのだということを知ったという有名なエピソードについても、ヘレン自身が書き残した文章として掲載されている。

『手のひらで知る世界』
石井康子 著　1984　思想の科学社

　幼少の頃から視力と聴力を失った著者は、手のひらに指で文字を書いてもらって会話をする。本書は、現在のような盲ろう者への支援体制がない中でマッサージ師として独立し、結婚するまでの過程を記した日本で最初の盲ろう者自身による手記。著者は、特定非営利活動法人東京盲ろう者友の会の理事長を務めた山岸康子氏。

『見えない、聴こえない、私。── ヘレン・ケラーを超えて』
ロバート・J・スミスダス 著　鈴木陽子 訳　1985　星の環会

　満5歳になる直前、急性熱疾患により、突然、視力と聴力の両方を失った著者は、ヘレン・ケラーも在籍したパーキンス盲学校に学んだ後、セント・ジョーンズ大学を優秀な成績で卒業。ニューヨーク大学で修士号を取得したあと、名誉博士号も授与されている。明るく気取らずに、充実した生活を送るスミスダス氏の手記。

『ゆびで聴く ── 盲ろう青年福島智君の記録』
小島純郎・塩谷治 編著　1988　松籟社

　盲学校で学んでいた福島智氏は、高校2年のとき、聴覚を失い、盲ろう者となる。周囲の温かい支援を受けながら、授業や日常生活に創意工夫をこらし、東京都立大学に合格した。タイトルの「ゆびで聴く」は、両手の指を点字タイプの6つのキーに見たて、通訳者が点字を打つ要領で指をたたく「指点字」によるコミュニケーションをあらわしている。

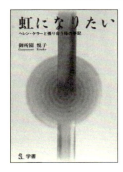

『共に学び、共に生きる
── 点字・手話を通して開いた世界（講演集）』
小島純郎 著　1994　近代文芸社

　障害者が障害の不自由ゆえに味わう辛い思い、孤独感……。盲ろう者のかかえる問題をしっかりと見すえ、点字・手話などを使うことによって世界を広げていくことの大切さを説く講演の記録。著者の小島純郎氏は、1993年に第1回ヘレンケラー・サリバン賞を受賞。

『虹になりたい ── ヘレン・ケラーと張り合う母の手記』
御所園悦子 著　1994　学書

　聴くこと、見ること、話すこと、手足を動かすこと……四重、五重の障害との壮絶な闘いが母親の心を強く美しく鍛えてゆく。神経腫瘍という進行性の病気のために「自分以外の人が皆悪人に見えた」ところを通ってきた人の心をゆする手記。

『渡辺荘の宇宙人 ── 指点字で交信する日々』
福島 智 著　1995　素朴社

　渡辺荘とは、福島智氏がかつて居住していたアパートの名前。健常児→全盲児→盲ろう者という三つの世界を体験してきた著者が一人の「宇宙人」として、現実社会という「地球」で体験してきたことを軽妙な筆致で綴るエッセイ。

『障害学生の贈り物 ── 点字と手話の世界から（寄稿集）』
小島純郎 著　1996　近代文芸社

　ドイツ文学者でありながら、大学でさまざまな障害学生と出会うことにより、点字教材を作成したり、手話を使った授業を始めるなど、障害者との長年にわたる交流を基盤に生まれた文章を、テーマごとに配列した寄稿集。

盲ろう関連書籍紹介

『笑顔 輝け！── 六重の障害を持つ母が病床で詠んだ川柳』
御所園悦子 著　1997　朝日新聞出版サービス

　「見えない、聞こえない、話せない、歩けない、だんだん体の機能が奪われていく…。だけど私には、考える力と震えるけれどかける手といっぱいのユーモアがある！」自らの心を十七文字の一字一字にこめ、病床で詠んだ399句の川柳集。「体は自由にならなくても、心はいつも自由だよ」

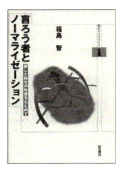

『盲ろう者とノーマライゼーション ── 癒しと共生の社会をもとめて』
福島智 著　1997　明石書店

　盲ろう当事者として大学の教壇に立つ著者が、自らの体験と研究をもとに、福祉の現状と問題点、教育のあり方、社会変革の方向性などについて論じるとともに、盲ろう者が社会の中で自然に生活していくために必要な理解や文化的条件について考察する。

『ヘレン・ケラーを支えた電話の父・ベル博士』
ジュディス・セントジョージ 著　片岡しのぶ 訳　1999　あすなろ書房

　アン・サリヴァンを家庭教師として迎えるきっかけを作ったのは、ヘレンの父が電話の発明で知られるベル博士に書き送った1通の手紙だった。ベル博士は聴覚障害者への読唇術や発声法の指導にも情熱を傾けており、後にヘレンもサリヴァン先生と共に彼の下を訪れている。ヘレンが周囲の人々に自らの声で言葉を伝えたいとの強い思いを抱き続けていた様子が書かれている。

『盲ろう者についていく』
小島純郎 著　2001　近代文芸社

　見えない聞こえないという不自由を抱える盲ろう者は点字、手話、手書きが生身の手でさしだされる援助がなければ、孤独地獄から脱出することができない。本書は、著者が福祉専門学校で担当した手話と点字を練習しながら、盲ろう者について学ぶという授業で学生から提出されたレポートを中心に、寄稿文などをまとめたもの。

『わが国の障害者福祉とヘレン・ケラー
―― 自立と社会参加を目指した歩みと展望』
日本ライトハウス21世紀研究会 編　2002　教育出版

　日本ライトハウスの創業80周年を記念して企画した本書は、視覚障害を中心に、わが国の障害者福祉の歴史と展望を探求し、中でも、身体障害者福祉法の制定などに大きな影響を与えたヘレン・ケラーの、戦争を挟んでの三度の来日に焦点を当てている。

『指先で紡ぐ愛　―― グチもケンカもトキメキも』
光成沢美 著　2003　講談社

　「私が出会ったときには、夫は全盲ろうだった。」出会って10年経っても、夫は自分の妻の顔も声も知らない。東京大学先端科学技術研究センター教授・福島智氏のパートナーである著者がユーモアをまじえながら日常生活を綴るエッセイ。テレビドラマ化された。
★電子書籍版あり

『指先で紡ぐ愛』（コミック版）
森尾里奈 著　2004　講談社

　上記の原作をもとに、二人の出会いから結婚などにいたるまでのラブストーリー風に描かれたコミック。

『盲ろう者の自立と社会参加』
愼 英弘 著　2005　新幹社

　盲ろう者は、コミュニケーションなど独自の困難さを抱えているにもかかわらず、法的な位置づけもなく、福祉サービスも十分とはいえない。著者は「自立」という言葉を検証しながら、盲ろう者の自己実現を図るうえで不可欠な通訳・介助者制度の成り立ちと現状を分析し、全盲研究者の立場から具体的な提言をしている。

盲ろう関連書籍紹介

『ヘレン・ケラーの急進的な生活
―― 「奇跡の人」神話と社会主義運動』
キム・E.ニールセン 著　中野善達 訳　2005　明石書店

　社会主義を信奉し、婦人参政権を主張し、人種差別、死刑制度に反対したヘレン・ケラー。奇跡の人のイメージに隠された真実の姿とは何か。急進的思想家としての側面に光をあて、悩み、苦しみながら、誠実に生きた生涯を紹介する。

『「感心ね!」なんて言わないで
―― 障害者と旅して、遊んで、仕事して』
石田良子 著　2005　講談社

　視覚障害者や盲ろう者など障害のある人たちとの45年間の交流をユーモアをもって、明るく綴ったノンフィクション。

『見えなくても、きこえなくても。
―― 光と音をもたない妻と育んだ絆』
大平一枝 著　2006　主婦と生活社

　京都、丹後半島の奥地で自給自足をする梅木好彦さんのもとへ嫁いだ花嫁は、全盲ろう者の久代さん。40代の終わりに知り合ったふたりは恋に墜ち、結婚をした。ふたりの壮絶な過去とは対照的に、指をつないでコミュニケーションをする触手話を通して魔法の言葉のように紡がれる壮大な夢と未来。
★電子書籍版あり

『盲ろう者への通訳・介助
―― 「光」と「音」を伝えるための方法と技術』
全国盲ろう者協会 編著　2008　読書工房

　盲ろう者のサポートのため生み出されてきた、多種多様な通訳・介助の方法と技術を解説したテキスト。

『さとしわかるか』
福島令子 著　2009　朝日新聞出版

　9歳で失明し、18歳で耳が聞こえなくなって盲ろう者となった福島智氏。「指点字」という独自の会話法を編み出すまでの苦難の日々を、母親である令子さんが初めて綴った感動の子育て、闘病記。

『ゆびさきの宇宙 ——福島智・盲ろうを生きて』
生井久美子 著　2009　岩波書店

　盲ろう者となった福島智氏の、果てしない宇宙に放り出されたような孤独と不安。それを救ったのが母の考案した「指点字」とその「通訳」の実践だった。彼の生き方に魅せられたジャーナリストが密着取材をし、その軌跡と思想を語る。

『生きるって人とつながることだ！
　——全盲ろうの東大教授・福島智の手触り人生』
福島 智 著　2010　素朴社

　18歳で全盲ろう者となった著者が、光と音のない状態で生きてきた29年間の様々な体験を綴った自伝的エッセイ集。

『年譜で読むヘレン・ケラー
　——ひとりのアメリカ女性の生涯』
山崎邦夫 編著　2011　明石書店

　南北戦争の傷跡が残る時代に生まれ、公民権運動の時代にこの世を去ったヘレン・ケラーの生涯を、多量の英文資料から掘り起こす。1937年のヘレン・ケラー来日時に直接出会った著者が生涯をかけて研究したアメリカ女性の生涯と当時のアメリカ社会を克明に記録した労作。

盲ろう関連書籍紹介

『盲ろう者として生きて
―― 指点字によるコミュニケーションの復活と再生』
福島 智 著　2011　明石書店

　幼くして視覚を、ついで聴覚を喪失し、深い失意と孤独の中に沈んでいた著者が「指点字」という手段によって他者とのコミュニケーションを回復し、再生するに至るまでを綿密にたどり直した自伝的論文。人間にとって他者とのつながりがいかに大切かが分かる本。

『めだかの学校の仲間たち
―― 見えなくて聞こえないやっこの手のひらの旅』
山岸康子 著　2012　思想の科学社

　前作『手のひらで知る世界』からなんと27年ぶりの作品。盲ろう者ならではの事件や事故、果ては病まで。見えない、聞こえない人生を出会った人々を仲間にして明朗に、自然に生きる！ 癌細胞が体内にあっても、不都合ではない、自分の体を自然に保つこと。見えない、聞こえない人生を、打たれ強く生きるスピリットの軌跡。

『もう一人の奇跡の人 ――「オリガ・I・スコロホードワ」の生涯』
広瀬信雄 編著　千明弘美・宮井清香 著　2012　新読書社

　幼くして髄膜炎に罹り、その後遺症から視覚と聴覚を奪われ盲ろう者となったオリガ・イワーノヴナ・スコロホードワ。本書は、ソビエトのヘレン・ケラーと呼ばれる彼女の生涯を綴った1冊。その生い立ちから、彼女の人生を大きく変える存在となった、ソビエトで盲ろう児教育に取り組む研究者サカリャンスキー先生との出会い。そしてオリガ本人が書き記した盲ろう者としての自身の内観。巻末には盲ろう者のコミュニケーション手段、ウクライナとロシアの盲ろう教育の歴史的外観なども収録。

『往復書簡
―― 日本の障害者福祉の礎となったヘレン・ケラー女史と岩橋武夫』
日本ライトハウス 編　2012　日本ライトハウス

　日本ライトハウスが、90周年を記念して編集・発行した資料。創設者岩橋武夫（いわはし たけお）は、1934年の渡米の際にヘレンを訪ね来日を要請しました。本書は、岩橋とヘレンの間で交わされた手紙や年譜がまとめられたもの。

『伝記ヘレン・ケラー ── 村岡花子が伝えるその姿』
村岡花子 著　2014　偕成社

『赤毛のアン』の翻訳でも知られる村岡花子の文体は優しく美しい日本語で、ヘレンの一生を伝えてくれる。初版は1960年だが長く読み継がれ、2014年には文庫版として復刊された。

『ゆびさきの宇宙 ── 福島智・盲ろうを生きて』文庫版
生井久美子 著　2015　岩波書店

盲ろう者となった福島智氏の、果てしない宇宙に放り出されたような孤独と不安。それを救ったのが母の考案した「指点字」とその「通訳」の実践だった。彼の生き方に魅せられたジャーナリストが密着取材をし、その軌跡と思想を語る。

『手のひらから広がる未来
　　── ヘレン・ケラーになった女子大生』
荒 美有紀 著　2015　朝日新聞出版

おしゃれ・スイーツ・フランスに憧れる著者は、大学生のとき、突然難病を発症して光と音を失い、盲ろうとなる。病との闘い、休学を余儀なくされ、絶望の日々、そんな中から希望の光を取り戻し、「幸せは自分の心が決めていいんだ」と語る。

『ぼくの命は言葉とともにある』
福島 智 著　2015　致知出版社

「9歳で失明18歳で聴力も失った　ぼくが東大教授となり、考えてきたこと」。全盲ろうとなってから、他者とのコミュニケーションをいかに復活させ、言葉＝情報を再び得ることができるようになったのかを振り返るとともに、両親、友、恩師、これまで出会った作家との交流、そして哲学書からハードボイルド・ＳＦ等の小説、詩、落語に及ぶ作品を引きながら、苦悩の末に見出した生きる意味、幸福とは何なのかを解き明かす。

盲ろう関連書籍紹介

『ことばは光』
福島 智 著　2016　道友社

　冒頭に「盲ろう者である私が手と指を使って人とふれ合った数々の思い出。心で感じ取った"光景"と"メロディー"について、これから語りたい」とあるように、小島純郎初代理事長、塩谷治元事務局長との思い出、同じ盲ろう者である門川紳一郎氏や故・荒美有紀氏との出会い等々、福島氏の半生におけるさまざまな人との出会いや別れ、交わりについて記した40篇のエッセーで構成されている。また、指点字の考案者である母・令子氏との対談も収録。まさに、「人と人との交わり・コミュニケーションこそが、生きる力」と言う福島氏ならではのエピソードが綴られた1冊。

『運命を切りひらくもの』
北方謙三・福島 智 共著　2016　致知出版社

　累計約1千万部の大ベストセラー「大水滸伝」を生み出した作家と、18歳で全盲ろうになった東大教授。互いに道なき道を切りひらき、深く尊敬し合う二人が、自らのルーツや人生観について語り合った魂の対話録。　これまで北方作品を点字で200冊近く読破し、文字どおり生きる力を得てきたという福島氏。二人の心は深く通じ合い、若き日の挫折体験、大切な友との別れ、酒の飲み方に女性観、人生の処し方まで幅広く語り合われる。また、ハードボイルドな作風で知られる北方氏が、福島氏の熱にほだされ、普段あまり語ることのない幼少期や青年時代の逸話を熱く語る。

『盲ろう児コミュニケーション教育・支援ガイド』
バーバラ・マイルズ、マリアンヌ・リジオ 編著
岡本明・山下志保・亀井笑 翻訳　2021　明石書店

　ヘレン・ケラーも学んだ、米国パーキンス盲学校の長年の経験から得られた貴重なノウハウをまとめた歴史的な名著『Remarkable Conversations』を当協会評議員の岡本明氏が中心となり作成した翻訳本。

Part 3-5　歴代理事長・事務局長

理事長

<ruby>小島<rt>こじま</rt></ruby>　<ruby>純郎<rt>すみろう</rt></ruby>　　1991（平成 3 ）年 3 月～2004（平成16）年 3 月
<ruby>小村<rt>こむら</rt></ruby>　<ruby>武<rt>たけし</rt></ruby>　　2004（平成16）年 3 月～2007（平成19）年 3 月
<ruby>阪田<rt>さかた</rt></ruby>　<ruby>雅裕<rt>まさひろ</rt></ruby>　　2007（平成19）年 3 月～2017（平成29）年 3 月
<ruby>真砂<rt>まなご</rt></ruby>　<ruby>靖<rt>やすし</rt></ruby>　　2017（平成29）年 3 月～

事務局長

<ruby>荒井<rt>あらい</rt></ruby>　<ruby>八千代<rt>やちよ</rt></ruby>　　1991（平成 3 ）年 3 月～1993（平成 5 ）年 3 月
<ruby>安藤<rt>あんどう</rt></ruby>　<ruby>亮<rt>りょう</rt></ruby>　　1993（平成 5 ）年 4 月～1998（平成10）年 3 月
<ruby>山口<rt>やまぐち</rt></ruby>　<ruby>弘<rt>ひろし</rt></ruby>　　1998（平成10）年3月～2004（平成16）年 3 月
<ruby>塩谷<rt>しおのや</rt></ruby>　<ruby>治<rt>おさむ</rt></ruby>　　2004（平成16）年 3 月～2012（平成24）年 9 月
<ruby>山下<rt>やました</rt></ruby>　<ruby>正知<rt>まさとも</rt></ruby>　　2012（平成24）年10月～2021（令和3）年 6 月
<ruby>橋間<rt>はしま</rt></ruby>　<ruby>信市<rt>しんいち</rt></ruby>　　2021（令和 3 ）年 6 月～

えにしの連鎖 ——あとがきに代えて

全国盲ろう者協会　理事
福島 智

　今、この「全国盲ろう者協会30年史」を読みかえして、私の脳裏にはさまざまな思い出が去来しています。とりわけ、広い意味で人と人の縁がいろいろな色彩や形で繋がっている、いわば「えにしの連鎖」のようなものを感じています。そうした思いの一端を記して、あとがきに代えさせていただきます。

　10数年前のことです。私は古い鉄製の手押しポンプの前で、ひざまずいていました。そこは私にとっての聖地、アメリカ・アラバマ州にあるヘレン・ケラーの生家の跡でした。

　ポンプのレバーに触れて、ヘレン・ケラーとアニー・サリヴァンのありし日の姿を思い浮かべました。1887年4月5日。アニーがこのポンプでくみ上げた水をヘレンの手に注いだ時、ヘレンは「ウォーター」ということばに目覚めました。

　それからおよそ60年が経過した1948年、ヘレン・ケラーは2度目となる来日を果たします。この年、日本では盲学校、ろう学校が義務制となり、翌1949年は「身体障害者福祉法」が公布されました。とくに後者については、ヘレン・ケラーの来日がプラスに作用したと言われます。

　また、この1949年には、前年の義務制移行も関係して、山梨県立盲学校で、日本で初めての盲ろうの子供たちへの学校教育が試みられはじめました。1952年からは、東京大学の研究者を中心に、「盲ろう教育研究会」が発足し、そこには若き日の中島昭美先生も加わっておられました。

　後年、私が18歳で全盲ろうの状態になった1981年に、その中島先生が代表をなさる「重複障害教育研究所」にうかがいました。

　この1981年の4月5日には、当時高校3年のクラス担任になったばかりの塩谷先生が、考案まもない指点字で2時間も進路指導をしてください

ました。そして、同4月21日には、初対面の小島先生と、やはり2時間近く指点字でお話しました。塩谷先生と小島先生については、この記念誌の本文中の拙稿でご紹介しました。

　そして、この記念誌発刊に際して、当協会発足にいたる経緯について、東京と大阪で開いた座談会で司会をしてくださっている甲賀（旧姓三浦）佳子さんは、1981年7月21日に、指点字をもちいての「通訳」という支援方法を考案なさいました。それは現在にいたる盲ろう者への「（指点字）通訳」の基礎となる画期的な出来事でした。

　その後私は東京都立大学に進学し、教育学を選考したわけですが、実のところ、その後にも「壁」がありました。私自身がなにを学び、なにを研究すべきかについて、見通しがつかない時期が続いていたのです。

　当初、「盲ろう児の教育」について関心を持っていたのですが、とくに言葉をまだ持たない盲ろうの子供たちとのかかわりでは、子供たちの表情の変化やさまざまなしぐさ、ことばにならない音声などが大切なサインになります。ところが、私自身が盲ろう者なので、それらを直接キャッチすることができません。（私には無理だな）という思いに包まれ、悶々と悩む日が続いていました。

　そのころ、一つの出会いがありました。私が大学2年生の終わりも近い時期、1985年2月11日のことです。前述の中島先生の重複障害教育研究所を見学させていただいていた時、私は一人の盲ろうの少年と出会いました。ほぼ生まれつきの盲ろう児で、当時7歳の小学1年生の彼は、盲学校の先生と基礎的な点字の学習をしていたのです。（彼は点字ができる！点字を使えば私ともやりとりできるかもしれない）。そう思い、私は興奮しました。

　それから私とその少年、阪田広揮君とのつきあいが始まりました。彼が通う盲学校を訪問して、授業を参観させていただいたり、放課後お宅にうかがったりで、ありがたいことに、卒業論文も、修士論文も、広揮君とのかかわりを中心にして書かせてもらいました。

　その広揮君のお父さんが大蔵省（当時）に勤めておられることは聞いていましたが、いつもお帰りが遅くて、お宅でお会いすることがほとんどあ

りませんでした。

　しかしこのお父さんが後年、当協会設立に尽力くださった前理事長の阪田雅裕さんなのです。そして、やはり協会発足時にたいへん尽力くださったその前の理事長の小村武さんは、阪田雅裕さんの職場の先輩にあたる人でした（ちなみに、現理事長の真砂靖さんは、阪田さんの後輩にあたります）。

　つまり、塩谷先生や小島先生、甲賀さんとの出会いがなければ、その後の私の人生もなかったと思いますし、阪田広揮君との出会いがなければ、私の研究もなく、雅裕さんとの出会いがなければ、おそらく当協会の発足も実現しなかったか、あるいは実現したとしても、かなり遅い時期になってしまっただろうと思います。

　この他にも、とてもここに書ききれないほどたくさんの、不思議な「えにしの連鎖」を、私はこれまでの人生で経験しました。そして、それらは全体として、「盲ろう者福祉の増進に務めよ」という指示を含んでいるように感じられます。

　本文中の拙稿でも記しましたが、小島先生は亡くなる少し前まで、「日本版ヘレン・ケラー・ナショナルセンター」のようなものができるとうれしい、と話しておられました。私も同じ思いです。

　冒頭に触れた鉄製の手押しポンプは、ズシリとしてとても重い手ごたえでした。この手ごたえと「同じ重さ」を、アニーもヘレンもかつて経験したのかと思うと、なぜか感動しました。そして、もう一つ思ったのは、そのポンプは、これまで無数の人が動かして見たからなのか、ずいぶん重いのにとても滑らかに動いたということです。

　「とてもたいへんな課題であっても、多くの人の力を合わせれば、案ずるより簡単に実現できるものです」。

　なんだかそうしたメッセージを、ヘレンからもらったような気がします。

　日本における盲ろう者のリハビリや支援の拠点、専門人材育成や関連情報の拠点となるような、そうした機能を併せ持つセンターを、近い将来作りたいと思います。どうぞ、みなさまの変わらぬ応援をよろしくお願い申し上げます。

（2024年6月）

●**引用・参考文献**……

- 「先天盲ろう児教育の夜明け―山梨県立盲学校における実践記録―」
 岡本明（日本障害者リハビリテーション協会発行『ノーマライゼーション』2012（平成24）年8月号）
- 「山梨県立盲学校における先天盲ろう児教育実践の概要と資料の現状」
 飯塚潤一　1)、宮城愛美　1)、天野和彦　2)、岡本 明　3)
 1)筑波技術大学　障害者高等教育研究支援センター　障害者支援研究部
 2)筑波技術大学　障害者高等教育研究支援センター　障害者基礎教育研究部
 3)筑波技術大学　名誉教授
- 「山梨盲ろう教育資料デジタル・アーカイブ化報告会2023」資料
- 『盲ろう者とノーマライゼーション　―癒しと共生の社会をもとめて―』
 福島智（1997年11月25日　明石書店）
- 『盲ろう者として生きて』
 福島智（2011年7月30日　明石書店）
- 回覧同人誌　点字版『われら生きる』創刊号（1964年）
 同墨字版　第1集（1970年）
 「われら生きるの会」中木屋スミヱ　他
- 『めだかの学校の仲間たち』
 山岸 康子（2012年3月25日　思想の科学社）

■本書の電子データをご希望の方は、読書工房まで直接お問い合わせください。
電子データ版には、本文のテキストデータ、点字データを収録しています。

盲ろう者とともに歩む
全国盲ろう者協会30年史

2024 年 9 月 20 日発行

編著者	全国盲ろう者協会（Japan Deafblind Association） 〒162-0042 東京都新宿区早稲田町 67 番地 早稲田クローバービル 3 階
電話	03-5287-1140
FAX	03-5287-1141
E メール	info@jdba.or.jp
URL	https://www.jdba.or.jp/
発行	有限会社 読書工房 〒171-0031 東京都豊島区目白 2-18-15 目白コンコルド 115
電話	03-6914-0960
FAX	03-6914-0961
E メール	info@d-kobo.jp
URL	https://www.d-kobo.jp/
装幀デザイン	大六野 雄二（エッジ・デザインオフィス）
編集・DTP	有限会社 読書工房
印刷・製本	株式会社デジタル・オンデマンド出版センター

©Japan Deafblind Association 2024 Printed in Japan
ISBN978-4-902666-77-9 C0037
落丁・乱丁本は、送料小社負担でお取り替えします。

※本書は教職員共済生活協同組合の助成を受けて製作しました。